JN221591

BE-POP

I AM BEAMS vol.8 TSUMUGI KITTAKA

I AM
BEAMS

WHAT IS POP ?

POP って何だろう？

誰でも掴みやすい面白さの取っ手。

佐久間宣行

僕たちは番組を作る時に、企画の中でうまく伝わりそうな引っかかりを"取っ手"と呼ぶことがあります。自分だけが面白いと思ったネタも、取っ手があれば掴みやすくなる。その取っ手がPOPなんじゃないかなと思います。たくさんの人の心のなかで弾ける可能性があるPOPさを、感覚的に取っ手という言葉に置き換えているというか。POPさを獲得すると新しい扉が開いて、次の段階にいけるんですよね。芸人にもタレントにも、その人がまだ気づいてない良さがあって、それをどうしたら損なわずに広げて皆さんに届けられるか、というのは僕がずっと考えてきたことでもあります。昔はコアなものに視線が行きがちでしたが、年齢を重ねた最近は、誰もがPOPだと思うものにもその時にしか感じられない良さがあるな、と思えるようになりました。POPを捉える幅は広がっていくんだと思います。

佐久間さんのPOPな瞬間。

ラジオでも紹介したことがある、毎年土用の丑の日に足を運ぶ東長崎『鰻家』のうな重。「この間食べに行ったら、88歳の大将が、『70年毎日焼いてるけど今日のがいちばんうまく焼けた』と言ってたんです。その言葉がPOPだなあと」

PROFILE

さくま・のぶゆき｜1975年、福島県生まれ。テレビプロデューサー。テレビ東京で『ゴッドタン』（テレビ東京）『あちこちオードリー』（同）などの番組を手掛け、2019年からラジオ番組『佐久間宣行のオールナイトニッポン0（ZERO）』（ニッポン放送）のパーソナリティに。同年に同局を退職し、『トークサバイバー！』（Netflix）などの話題作をプロデュース。現在『オールナイトフジコ』（フジテレビ系）で番組MCを務める。

BE

井桁弘恵

松岡一哲
(写真)

週プレ weekly　マンガート ビームス MANGART BEAMS

WHAT IS POP ?

POP って何だろう？

人生が前向きになる、ささやかな心構え。

井桁弘恵

仕事でもプライベートでも、肩の力が抜けてリラックスできている時、あれこれ考え過ぎずに自分に素直でいられているなと感じる時、ポジティブに取り組めている時、そんな時にPOPを感じます。人生を少しでも前向きに生きるための心構えというか、思い通りにいかないことも、考え方をPOPに変えるだけで前に進める気がするんです。だからテレビでも撮影でも、なるべく軽やかでいられるよう意識しています。そのほうがありのままの自分を表現できるし、発言もしやすくなって、その空間がPOPになると思うから。一方で、相手の思いや考えを想像して、何を求められているのか気を配ることも大事。考え過ぎると自分の中でバランスが崩れてしまいそうになるから、そういうときこそPOPに、俯瞰しながら状況を見て、どうしたら楽しめるかを考えて動くように心がけています。

井桁さんのPOPな瞬間。

カフェに行った時に友人の山崎怜奈さんが撮ってくれた、ゆるっとした自分が写った1枚。「外は土砂降りで、一緒に話せた時間も短かったですが、とてもリラックスできて、自然体で、自分のスイッチがオフになった瞬間でした」

PROFILE

いげた・ひろえ｜1997年、福岡県生まれ。俳優・モデル。『仮面ライダーゼロワン』の刃唯阿（仮面ライダーバルキリー）役で脚光を浴びる。2022年、『週刊プレイボーイ』と〈マンガート ビームス〉がタッグを組んだ、松岡一哲撮影の写真集『BE ‖』（ビー）を刊行。雑誌『MORE』で専属モデルを務めるほか、映画『釜石ラーメン物語』主演など俳優としても活躍。『おしゃれクリップ』（日本テレビ系）でMCを務める。

BULL
BUSTER

KEEP IT SAFE.

TETSURO OKINO
ALUMI NIKAIDO
KOUJI TAJIMA

SAFETY
FIRST

NAMIDOME

マンガート
ビームス
MANGART BEAMS

SAFETY FIRST SAFETY FIRST SAFETY FIRST

WHAT IS POP ?

POP って何だろう？

かわいさもシニカルさも内包するアート表現。
FACE

僕にとっていちばん身近なPOPは "ポップアート"。アンディ・ウォーホルに代表される、大衆的で華やかで、楽しそうなイメージのあるアートです。かと思えばマイク・ケリーのように、一見かわいいけれど実はハードコアなアーティストもいる。POPは意外と奥深くて、単純じゃない側面がある気がします。僕の作品が今のテーマにたどり着いたきっかけは、アメリカの同時多発テロ事件。1年後に家族とグラウンドゼロを訪れて衝撃を受け、帰国したあと、日本では事件を映画感覚で捉えているような気がしてしまって。それで "平和ボケした日本人をシニカルに笑う" という表現が生まれました。「危機感を持ったほうがいいんじゃないの？」といううテーマは9.11から20年以上経った今も変わりませんが、作品を見てただ「かわいい」と思うのも間違いじゃない。それがPOPなのかもしれません。

FACEさんのPOPな瞬間。

ミシンで自作した猫とパンクボーイのパペット人形。「今までの僕のキャラクターって、見たことはあっても背景は感じられなかったと思うんです。ストーリーがある大衆的なキャラがいたらなと思って作りました。活躍してもらいます」

PROFILE

ふぇいす｜1984年、東京都生まれ。アーティスト。2014年から手描きのイラストを描き始め、アパレル、広告、雑誌などジャンルを横断して活躍中。2023年には香港で個展『STORYBOARD』、台湾でUND（SHINKNOWNSUKEとのアートユニット）として個展を行った。SHINKNOWNSUKEと『SUPPLY』のCHIHIROの3人でユニットMUDDY WATERZを結成し、Podcast番組『Too Young To Know』を配信中。

COUTURE

BEAMS

RYO FUJIWARA ✕ MANGART BEAMS

BE-POP TALK

33
65
89
121
MY PERSONAL
CULTURAL HISTORY
私的カルチャー史。

BE-POP
面白いものや、好きなもので、世界を満たしたい
好きなものに囲まれた世界は、きっと楽しいから
ポップカルチャーで、世界を、人を彩ること
それが、この世界で生きていく強さになるはず
ポップになろう、ポップと生きよう。

これは私がプロデューサーを務める〈マンガート ビームス〉のステートメントです。
私はアニメ、マンガ、アイドルをはじめとするエンタメ、ポップカルチャーと、
そこから発生するデザインが大好きです。

いつも無意識のうちに惹かれてしまうのですが、ふと、
「なんでこんなにポップカルチャーが好きなんだろう？」と思いました。
そもそも"ポップ"ってなんだろう？　と。

その疑問を紐解くべく、
エンタメ、ポップカルチャーの最前線でポップを生み出す方々と色々に注目し、
雑誌のような切り口で一冊を編纂してみることにしました。

本書では、仕事やプライベートで出会った皆さんと色々な話をしたり、
自分のポップカルチャー原体験を掘り起こす作業をしたりしています。

一連の取材を通じて感じたのは、
ポップカルチャーの作り手と、演者と、
ファン（ヲタク）が作り出す「現場」の"愛"と"熱量"。
この書籍でその空気が少しでも伝われば嬉しいです。

面白いものを「面白い」と言える
好きなものを「好き」と言える
"人"と"場所"、
そこで発生する"愛"と"熱量"全てに敬意を込めて！

───『BE-POP』責任編集 橘髙つむぎ〈マンガート ビームス〉プロデューサー

YOKO FUCHIGAMI

デザイナーの真髄

一日に50以上の新ブランドを立ち上げる、
ファッション界の生ける伝説、YOKO
FUCHIGAMI。一方、〈マンガート ビーム
ス〉など、数々のプロジェクトでデザイン
を手掛ける橘高つむぎ。過去に〈YOKO
FUCHIGAMI IGIRISU〉と〈FILA〉と
〈BEAMS T〉とのトリプルコラボを行った
両者が、再び邂逅。デザイナーとしての
真髄について語り合った。

photo: Naoto Date styling: Ai Furusawa
hair & make: Yuka Ito text: Neo Iida

12   13

世界を舞台にトータル・ファッション・アドバイザーとして活躍するヨーコフチガミさんは、「ポップ」をどのように捉え、デザインへと昇華しているのだろう。5年ぶりに相見えた両者による、ファッションデザイン対談。

名前を逆さまにしたら、大切なことが見えてくる。

ヨーコフチガミ（以下ヨ）＿久しぶりですね。確か5年前でしたよね、ご一緒したのは。
橘髙つむぎ（以下橘）＿はい。2019年に〈YOKO FUCHIGAMI IGIRISU〉と〈FILA〉と〈BEAMS T〉のトリプルコラボ企画で、スウェットなどのアパレルを作らせていただきました。
ヨ＿ちゃんと着て来てくれて。嬉しいですよ。しかも対談相手に選んでくれたわけでしょう。
橘＿はい。ぜひ先生とデザインの話と、本のテーマでもある「ポップ」について話したいと思ってお招きしました。
ヨ＿わかりました。でも、まずその前に、あなた下の名前ってなんだっけ。
橘＿つむぎです。
ヨ＿橘髙つむぎ、ね。私いつも言ってるんですけど、名前はひっくり返したほうがいいんですよ。私のブランド〈YOKO FUCHIGAMI〉もそうですけど、なるべく逆にしたほうがいい。それでいうとあなたは「つむぎ・きったか」になるのね。……なるほど見えてきた。わかる？　ほら、ひとつの文章が見えるでしょ。「紡ぎ切ったか？」って。
橘＿えっ！
ヨ＿「お前はもう紡ぎ切ったか？」。裏を返せば「紡ぎ切れ！」ってメッセージなんです。もしかしたら親御さんのデザインかもね。
橘＿全然気づいてませんでした。衝撃です。
ヨ＿大丈夫よ、あなたなら紡ぎ切れるから。一緒に紡ぎましょうよ。
橘＿はい！
ヨ＿でも、思い返せばあのコラボでのあなたの活躍は素晴らしかったですよ。色を任せた

YOKO FUCHIGAMI
ヨーコフチガミ

1957年生まれ。トータル・ファッション・アドバイザー。〈YOKO FUCHIGAMI〉デザイナー、日本服飾協会理事長。「一番のおしゃれは裸」を合言葉に、〈YOKO IGIRISU〉や〈YOKO PIRATES〉など数多くのブランドを手掛ける。これまでパリやパリなどでランウェイショーを実施。2017年、第30回神戸コレクションの総合演出を務める。

のよね、好きなようにやりなさいって。そしたら「粘膜の色でいいですか！」ってあなたすごい気迫でね。粘膜って体の中でも一番デリケートで、口にしても全身にしても、ちょっと触れづらい箇所も結局ピンクじゃないですか。その色をまとうってすごいことだし、思いついたあなたのセンスもすごいし。

橘＿ありがとうございます！　ヨーコ先生のこだわりは色にあるとわかっていたので、任せていただけて光栄でした。

ヨ＿服を作るうえで色というのは非常に重要な要素だけれど、まず染料に頼る前に、生活の中で生まれる色があるわけですよ。黒くしたければ国道沿いに干して、何ヶ月かしたら黒くなる。黄色が足りないなと思ったらアンモニア。子供の頃、ブリーフなんか黄ばんでたじゃない。あの色を忘れてませんかってことですよ。世の中から染料がなくなっても、自分の力で染めることができる。工場で染めてもらうのはそのあと。

イエローがほしければ、ブリーフの黄ばみでどうにでもなる。

橘＿＿おっしゃる通りです。

ヨ＿＿これもあなたの提案だけれど、「ロゴをマジックテープで剥がせるようにする」というのも、本当にすごいデザイン。つまり"ひっつける"ってことよね。子供の頃、河川敷に行くと「ひっつきぼう」(オナモミの通称。遠方まで種子を運ぶために果実に沢山のトゲがあり、動物の毛などに絡まりやすくなっている)がくっついたでしょう。あの原理と一緒で驚いたんですよ。この子は地球と同じ発想でデザインしているなって。

橘＿＿地球と。

ヨ＿＿そう。感心しましたね。それに、このコンプライアンスや権利関係への配慮が大変な時代、写真でも映像でもロゴが映るとまずいってことが多々あるわけです。あなたが考えたマジックテープのデザインなら、いつでも剥がせる。大発明ですよ。と同時に、原宿にいた偽造テレカの露天商のことも思い出しましたね。警察が来たら店を畳んで、何事もなかったように居直る。あの匂いも感じました。

橘＿＿いましたね。無意識ですけど、もしかするとその記憶が影響したのかもしれません。

ヨ＿＿うん、それはすごくいいこと。体験をデザインに結びつけるって重要ですから。

橘＿＿あの時は〈YOKO FUCHIGAMI IGIRISU〉とのコラボという国際的なプロジェクトだったのでテンションが上がりました。でも当時、いろんな人に言われたんですよ。なんで「IGIRISU」なんだ、「UK」じゃないのかって。

ヨ＿＿私が「イギリス」しか呼び方を知らなかったからなのよね。どうやらいろんな呼び方があるんでしょう？　ユナイテッド・キングダムだとかなんとか。でも私は小さい頃からイ

2019年9月に行われた〈YOKO FUCHIGAMI IGIRISU × FILA × BEAMS T〉のトリプルコラボ。橘高がTシャツやキャップなど全型をデザインした。スウェットのマジックテープを剥がした部分には、フチガミさんのアイデアで〈FILA〉のロゴを3つ並べたという。「『TORA ……恋は一途』だと伝わらない。『TORA TORA TORA恋は一途』だから伝わるの。何事も3回繰り返したほうがいいです」。写真は「ビームスT原宿」で開催されたトークイベント時のもの。

パンダ、オオカミ、ペリカン。ファッショナブルアニマルの三原則。

ギリスって聞いてきたし、言ってきたし、使い慣れた言葉のほうがわかりやすいじゃないですか。それってブランドを作るうえでとても大事なことなんですよ。

橘＿＿全く同感です。

ヨ＿＿ところであなたはビームスでのデザインワークを何年やってるわけ？

橘＿＿約10年です。

ヨ＿＿素晴らしいですね。だって日本を代表するブランドを背負ってるわけだから。私も〈YOKO FUCHIGAMI〉を背負っている以上はブランドへの責任があるし、同じくらいやりがいもあるんです。自分のデザインが世に出ていくとなると恥ずかしいこともあるけど、さらけ出していくのも大事。さっきも仰って

たけど、この本のテーマは「ポップ」なんでしょう？「ポップ」って何だと思います？

橘＿＿そうですね、楽しいとか親しみやすいとか面白い、そういう気持ちになれる要素を「ポップ」と捉えていて、それをデザインに落とし込んでいきたいと思っています。

ヨ＿＿なるほどね。もちろんその考えも間違いじゃないけど、本当の「ポップ」というのはね、あんまりみんなわかってないんだけど、パンダ、オオカミ、ペリカン、この頭文字を取ったものなんです。

橘＿＿えっ。

ヨ＿＿ファッションの大元のベースは、パンダ、オオカミ、ペリカン。ここに全部凝縮されていて、「ファッショナブルアニマルの三原則」

突然ビームスプレスルームの床の模様を指差したフチガミさん。「デザインって床に転がってるんですよ。じっと見てると急に婦人の顔が浮かんできたりするじゃないですか。ほら、このへんに牛いない？ アメリカの鼻のでかい牛がさ、いるでしょ。これをいただいちゃう。スケッチブックある？ 今からいただいていくからね」。フチガミさんはさらさらっと牛の絵を描き、その下に〈USHIGAMI〉と書き込んだ。こうしてまたひとつ新たなブランドが生まれた。

と呼ばれています。

橘＿ファッショナブルアニマル……!?

ヨ＿突然で理解できないか。そうかそうか。いや、ここで修正できて逆に良かったですよ。このまま世に出たら危なかった。

橘＿すみません動悸が。

ヨ＿いいんですよ。ひとつずつ説明しましょう。まずパンダですけど、白と黒のベーシックなカラーリングで、それでいて上野動物園では大行列ができるほどの人気。目なんか怖いのに、引きで見たら白と黒がうまいこと配色されて、目の周りの黒全体が目に見えて愛くるしい。ベーシックかつ可愛い。これはファッションに欠かせない「ポップ」なんですよ。

橘＿確かに!

ヨ＿で、オオカミ。ファッションにおいては、野性的な要素も欠かせませんよね。となると犬じゃなく圧倒的に狼。私は前から言ってるんですよね、「他人の服をそぎ取るぐらいの覚悟がないんだったらおしゃれなんてやめろ」って。狼のように遠吠えを上げて、引きちぎる勢いがあっても全然いい。それも「ポップ」。

橘＿勉強になります。

ヨ＿そしてペリカンだけど、クチバシだけやたら大きいじゃない。あれが重要。クチバシというアイテムがあるだけでポップなんです。真っ白な体だけど、1ヶ所だけ目立つポイントを作ることで成立するという。

橘＿今、とにかく衝撃を受けています。

ヨ＿あなたがデザインしたマジックテープ付きのスウェットは、この三原則でいうとペリカン。一見普通のスウェットに見えるけど、マジックテープがあることでぐんと引き立つ。

橘＿知らぬ間に取り入れていたんですね。

ヨ＿今日のジーパンもオオカミ入ってるじゃない。誰かに引きちぎられたんでしょう?

橘＿はい。先生の〈HIKISAKI FUCHIGAMI〉というブランドをリスペクトしているので、近いものができて嬉しかったです。

ヨ＿チェックしてくれてるのね。そう、〈HIKISAKI FUCHIGAMI〉はまさにファッショナブルアニマル、オオカミの要素を色濃く打ち出した

ブランドです。引き裂くのが肝。

橘＿＿具体的にどう制作しているんですか？

ヨ＿＿まず引き裂きやすいように穴を開けておく。そして友達や恋人や仲間、さらにライバルとかあまり関わりたくない人間にまで、人と会う度に「ちょっと裂いて」ってちぎってもらうんです。期間を2ヶ月なり3ヶ月なりと決めて、ピタッと止める。その時点で完成。過程も完成形も面白くてさ、大胆にビーッて裂くやつもいれば、大口叩いてるのに遠慮して1センチしかビリッといけないやつもいる。穴を見るたびに人間性を思い出すんですよ。みんなで作り上げるデザインとも言えるわね。

橘＿＿新時代のデザインですね。それにしてもファッショナブルアニマルがいたなんて……。まだまだ勉強不足です。

ヨ＿＿ファッションの流行は季節ごとに変わりますけど、ビームスでは流行りをどうやって仕掛けているんですか？　元旦に決めるの？

橘＿＿え、いや、元旦というわけでは……。

ヨ＿＿絶対にタイミングを決めた方がいい。年度を定めなさい。やっぱり税金だって道路工事だって年度で調整するわけじゃないですか。次の季節はこれを流行らせようって、決める日を決めないと。

橘＿＿確かに。

ヨ＿＿私のおすすめはやっぱり元旦。コタツに入ってテレビを見て、「去年はあれがああだったからこれが来るのかな」ってお雑煮を食べつつ考えてほしい。ビームスの皆さん全員で。

橘＿＿会社に提案してみたいと思います。ちなみに、ヨーコ先生のなかで次にこれは来るって考えているファッションはありますか？

ヨ＿＿「おしゃれは足元から」って言いますけど、もう「口元から」なんですよ。口元にファッションをする時代が来ます。

橘＿＿口元ですか。ピアスとか……？

ヨ＿＿いえ、誰もが持っているもので十分。口を開けてごらんなさい。あるでしょ、"のどち

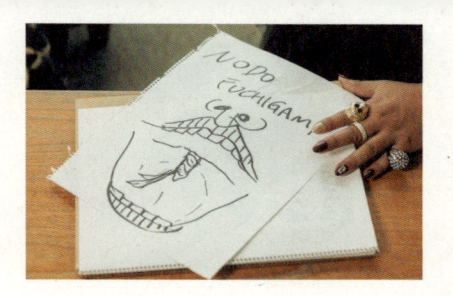

んこ"。のどちんこに服を着せる時代が来ます。教えとくから早めに動いた方がいい。

橘＿＿そうなんですね……！

ヨ＿＿アウター、トップス、ボトムス、靴下……。ファッションって、正直もう飽和状態で、行くところまで行ってるんです。でもひとつ忘れてるのが、のどちんこ。ストールを巻いても、デニムを着せてもいい。パリで「あーん」って口を開けてショーをする時代が来ます。結局のところ粘膜なんですよ。

橘＿＿最先端を知ることができました。ヨーコ先生はどういう時にデザインのアイデアが浮かぶんですか？

ヨ＿＿歩いている時ですね。甲州街道とか青梅街道、第一京浜を5〜6時間ウォーキングしながらブランドをひとつ立ち上げます。国道沿いには絶対に感じるものがあるから。このチェーン店増えたなとか、ここ立ち退いたんだとか、逆にここは立ち退き費用の桁上げるために粘ってるんだなとか。

橘＿＿観察眼がすごい。1日に50個立ち上げてるんですもんね。

ヨ＿＿ええ。もちろん管理はできないけども、立ち上げることが大事。

橘＿＿私もヨーコ先生を見習って、1日にたくさんデザインできるように頑張ります。

ヨ＿＿ヒントはあちこちに散らばってるんです。天井の木目とか壁の模様とかね。浮かばない時は頭を壁に打ち付ければ何か閃くから。

橘＿＿アナログなんですね。

「おしゃれは口元から」の時代がそこまで来ている。

『攻殻機動隊 SAC_2045』
マンガート ビームス（2022）

©Shirow Masamune, Production I.G/KODANSHA/GITS2045

Netflixオリジナルアニメシリーズ『攻殻機動隊 SAC_2045』とのコラボレーションで制作したBIGタチコマTシャツ。元公安9課で運用されていた、人工知能を備えた架空の思考戦車（シンク）"タチコマ"にスポットライトを当てた一枚。

T-shirts, that's our buddy.

ファッションアイテムは数あれど、Tシャツは何より身近な相棒だ。夏はもちろんメイン装備だし、冬はセーターやスウェットの下に着て防寒。くたびれたらパジャマにして一緒に夢の中へ。無地もいいけれど、華やかなグラフィックTシャツは、1枚あればそれだけで存在感を放つ。アニメやアイドル、人気番組などのコラボTシャツを作り続ける、橘高つむぎの仕事を大公開。

photo: Naoto Date text: Neo Iida

『うる星やつら』
マンガート ビームス (2023)
©高橋留美子・小学館／アニメ「うる星やつら」製作委員会

2022年の小学館創業100周年を記念し、再アニメ化された『うる星やつら』。そのメインキャラクターであるラムにスポットを当て、アーティストの描き下ろし作品をプリント。こちらはイラストレーターの一乗ひかるが描いたもの。ラムの従兄弟テンの姿も。

TVアニメ『チェンソーマン』

マンガート ビームス(2022)

@Tatsuki Fujimoto/SHUEISHA, MAPPA

TVアニメ『チェンソーマン』とのコラボTシャツ。主人公デンジをはじめ、何人かのキャラクターをピックアップし、アーティストFACEによる描き下ろしアートワークをプリントした。FACEといえば"目"の表現が特徴的だが、ポチタの目はこんなことに。

Right page

Left page

『サマーウォーズ』

MANGART BEAMS T(2019)

©2009 SUMMERWARS FILM PARTNERS

2009年の劇場アニメ『サマーウォーズ』の公開10周年記念"UP DATE"プロジェクトの一環で制作。モチーフは作中の人物やアバター、シーン、セリフなど。容疑者健二Tシャツは、劇中に登場する衝撃のニュース番組のひとコマをプリントしたもの。

T-shirts, that's our buddy.

T-shirts, that's our buddy.

アンジュルム

マンガート ビームス（2024）

©UP-FRONT PROMOTION

アンジュルムの「10周年の節目に、メンバーの"今"を切り取りたい」という想いをもとに制作。メンバー同士がフィルムカメラで撮影した写真を厳選し、プリントTシャツに落とし込んだ。メンバーそれぞれが着こなすスタイリングも必見。

Right page

Left page

『BANANA FISH』

MANGART BEAMS T（2018）

©吉田秋生・小学館／Project BANANA FISH

漫画家・吉田秋生の不朽の名作『BANANA FISH』が、完結から24年の時を経てアニメ化。原作の舞台を現代に移し、新たなファンを獲得した。バナナの写真とフォントのみで構成した、わかる人にはわかるスタイリッシュな1枚。

『お笑いマンガ道場』
マンガート ビームス (2022)

©富永一朗

2021年に27年ぶりに地上波と配信で復活を遂げた中京テレビの人気番組『お笑いマンガ道場』とコラボ。出演者であり漫画家の富永一朗が番組内で披露したマンガをプリントした。袖には番組のマスコット"マガドン"をアレンジしたワッペン付き。

Right page

Left page

『ぼっち・ざ・ろっく！』
マンガート ビームス (2023)

©はまじあき／芳文社・アニプレックス

ガールズバンドアニメ『ぼっち・ざ・ろっく！』とのコラボTシャツ。劇中に登場する「結束バンド」のアーティスト写真を落とし込んだり、ライブハウス『STARRY』の架空スタッフTシャツを制作したり、ファンが嬉しいデザインが色々。

T-shirts, that's our buddy.

永井豪
マンガート ビームス (2024)

© 永井豪／ダイナミック企画

漫画家・永井豪とのコラボレーション。石川県輪島市にある『永井豪記念館』の公式ビジュアルを使用したグラフィックをTシャツに落とし込み、"GO TOGETHER SPIRITS OF STEEL（鋼の魂で一緒に進んでいこう！）"というメッセージを込めた。

Right page

Left page

井桁弘恵×『週刊プレイボーイ』
マンガート ビームス (2022)

© 集英社／週刊プレイボーイ

『週刊プレイボーイ』（集英社）とタッグを組み、俳優・モデルとして活躍する井桁弘恵を伊東のレトロホテルと東京のスタジオで撮影。その写真を使ったTシャツとグラビアブックレット、ステッカーをセットにした『BE ‖』（ビー）を販売した。

サンガッツ本舗

www.sunguts.com

ウエストトーキョーで生まれ、カルチャーを愛して育った橘高つむぎ。その半生は、ちょうど1980年代から現在に至るポップカルチャーの歴史と重なる。裏原に通った学生時代から〈マンガート ビームス〉のプロデューサーになるまでを、友人であり同い年でもある本誌編集の飯田ネオと語り尽くした。カルチャーラバーなロングインタビュー。私物も大公開！

私的カルチャー史。

1980s   1990s   2000s   2010s   2020s

MY
PERSONAL
CULTURAL
HISTORY

photo & text & edit: Neo Iida

——きっちゃん（橘髙）が生まれたのは西東京だっけ。

そう。国立で、育ちは国分寺。両親はごく普通の会社員だけど、二人とも美大でムサビ（武蔵野美術大学）を出ていて。家にはデッサンをやるためのイーゼルが置いてあった。

——小さい頃に興味があったカルチャーっていうと何？

漫画だね。好きになったのは『ドラゴンボール』。なぜか単行本の3巻を親が買ってきて、それでハマった。天下一武道会に行く前の亀仙人の元で修行していたあたりかな。

——ヤムチャがまだ強いとされてた頃だ。

メインどころだった頃だね。

——なんで好きになったの？

とにかく鳥山明先生の絵が好きで。それ以来、漫画は絵のうまい作品しか読まない、みたいな感じになって。

——鳥山先生は元々デザイン会社でデザイナーをしていたんだよね。扉絵の構図がキマってるのもデザイナー的な感覚が強かったんだと思う。他には何系読んでた？

『りぼん』は読んでた。吉住渉先生がすごく好きで『ママレード・ボーイ』とか『ハンサム

1980s

01

02

2020s

な彼女』とか。あと『らんま1/2』を読んで二次創作を妄想するようになって。小学校高学年くらいかな。透明な下敷きを用意して、絵がうまい子にキャラを描いてもらってた。

——自分では描かなかったの？

描いてたよ。良牙とシャンプーが付き合えばいいのにと思って絵を描いてた。でも自分は絵がうまいとは思ってなかったんだよね、だから描いてもらってたんだと思う。

——美術の成績がいいってことでもなく？

うん、特にないんだよ。でもオリジナルグッズが作りたくて、なんだっけ、絵を描いて電子レンジでチンしたらキーホルダーになるやつ。

——プラバン？

そうそう。それも作ってた。今思うとディレクター気質だったんだと思う。自分ではゼロイチができないとわかってるけど、好きな構図のものが欲しいからイラストを人に頼むっていう。

34

Sunday Comics

高橋留美子

03

| 1980s | 1990s | 2000s | 2010s | 2020s |

01:『ドラゴンボール』(集英社)／ 1984年〜1995年まで『週刊少年ジャンプ』で連載された鳥山明のバトル漫画。少年・孫悟空の冒険活劇はやがて宇宙規模の展開に。1986年にアニメ化。『Z』『GT』『改』『超』、最新作『DAIMA』と続編が制作され、世界80カ国以上で放送されている。02:『ハンサムな彼女』(集英社)　 1988〜1992年に『りぼん』で連載された吉住渉の少女漫画。四ツ葉学園芸能科に通う新人女優・萩原未央の恋愛模様と芸能界でのサクセスストーリーを描く。03:『らんま1/2』(小学館)／ 1987〜1996年まで『週刊少年サンデー』で連載された高橋留美子作品。中国での修行中に呪いの泉に落ち、水をかぶると女になってしまう早乙女乱馬と、許嫁の天道あかねを中心とした格闘恋愛ドタバタコメディ。2024年にMAPPA制作の新作アニメが放送された。

——他にテレビ番組だとどういうの見てたの?

『じゃあまん探偵団 魔隣組』『おもいっきり探偵団 覇悪怒組』『美少女仮面ポワトリン』『魔法少女ちゅうかなぱいぱい!』とか。あと宮沢りえちゃんの『いつも誰かに恋してるッ』。

—— **80年代から90年代初頭のアイドルはグループよりソロが多かったよね。**

そうだね。『アイドル伝説えり子』とか衝撃だったよ。リアルと連動してたから、田村英里子ちゃんが出てきた時「えーっ、本物!?」みたいな。あとやっぱりフジテレビの『週刊スタミナ天国』だね。乙女塾が出てて大好きだった。『らんま1/2熱闘編』の主題歌をribbonが歌ってたこともあって、CDも買いに行ったもん。

——**まだ持ってるんだ。懐かしいね、8cmCD。同じフジテレビだからCoCoも瀬能あづさもテーマソング歌ってたもんね。**

で、その頃ラジオも聴き始めるんですよ。クラスの地味な子が『東京RADIO CLUB』

『リトル☆デイト』/『パラダイスGoGo!!』(フジテレビ)のタレント育成講座「乙女塾」1期生の永作博美、松野有里巳、3期生の佐藤愛子により結成された、アイドルグループribbonのデビューシングル。1989年発売。『らんま1/2熱闘編』のOPテーマ。シングル「乱馬ダ☆RANMA」のカップリングには林原めぐみ、日高のり子、佐久間レイの「帯子」(中国語でリボンの意)によるカバーを収録。アルバム『らんま1/2熱闘歌合戦』には間奏の台詞を帯子がキャラクターの声で演じるバージョンが収録されている。

を聴いてて、私も聴き出して。クラスで何人か聴いてたのかな。MCの岸谷五朗さんはまだ駆け出しで、劇団員の若いお兄ちゃんて感じで面白くて、そのうちどんどん売れていくんです。

――岸谷さん、木曜劇場とか出始めるんだよね。

そう。最終的に仕事が忙しくなってパーソナリティを降りるんだけど、それをずっとリアタイしてた。内輪だけで盛り上がって何かが起きる、みたいな悪ふざけ感が良かったんだよね。思い返せば、こういうことをしたいってずっと思ってるんだと思う。一部の熱狂。全国区じゃないけど、一部の局所的な熱量で何かが起きることに憧れる。いつかはこれを超えることをしたいんだよ。そういうのすごくラジオ的というか。

――アニメは何系を見てた?

うっすら記憶があるのが『ストップ!!ひばりくん！』だね。『伊賀野カバ丸』もめっちゃ好き。

上：『MOON・そりゃなしだろ!!2』(興陽館書店)／″レディクラ″こと『岸谷五朗の東京RADIO CLUB』(1990〜1994年。TBSラジオ)内のコーナー「NAI NAI '91」のネタをまとめた本。リスナーの周辺で起こった「そりゃなしだろ」というエピソードや、グレーな商品などを紹介する。1992年発売の第1弾に続く1994年発売の第2弾。岸谷の役者業が忙しくなってきた頃の出版だったため、あえて番組名を帯の下に隠し、エッセイ本のような見た目に。下：『ボンビーくん』『ボンビーくん2』(同)／リスナーからの貧乏自慢を取り上げる投稿コーナー「ボンビーくん」のネタ本。1992年1月と11月にそれぞれ発売された。

『SLAM DUNK』(集英社)／ 1990〜1994年まで『週刊少年ジャンプ』に連載された井上雄彦によるバスケ漫画。神奈川県立湘北高校バスケットボール部を舞台に、不良の桜木花道、スター選手の流川楓らが夏のインターハイを目指す物語。1993年にアニメ化。2022年、井上本人が監督・脚本を務めた映画『THE FIRST SLAM DUNK』が公開された。3DCGを駆使したバスケ表現が話題になった。

MY PERSONAL CULTURAL HISTORY

1980s	1990s	2000s	2010s	2020s

——『機動戦士ガンダム』とかロボットものも好きだよね。当時から見てた?

見てたけど、内容を理解できたのは大人になってからだね。当時は造型がカッコいいなってだけで。『機動警察パトレイバー』も、あんなに仕事のドラマがあるなんてわからなかった。

——色々見るなかで自分なりの好みって出てきた?

結局、少年誌や青年誌のラブコメが好きなのがルーツなんだと思う。『さすがの猿飛』もそうだし『うる星やつら』もそう。何がいいってなかなか付き合わないんですよ。付き合うまでのドタバタで。少女漫画はわりと付き合うじゃない

——確かに『ときめきトゥナイト』もコメディだけど、少女漫画だから途中で色恋のシリアスが入るもんね。結婚するし。

38

「エアジョーダン1」／マイケル・ジョーダンと〈NIKE〉がコラボしたバスケットボールシューズ。1984年、〈NIKE〉はシカゴ・ブルズに入団したジョーダンと契約し、エアクッショニング技術とジョーダンの愛称"AIR"を掛け、「エア」を冠したシューズを発表。以降シリーズ化され、現在までに39作がリリースされている。橋高の私物は復刻版で、シカゴ・ブルズの黒×赤を配した"Bred"。

MY PERSONAL CULTURAL HISTORY

| 1980s | 1990s | 2000s | 2010s | 2020s |

——今のきっちゃんに繋がってるんだね。洋服とかはどうだったの?

小学校のときは親が吉祥寺のパルコに行く時についていって、服を買ってもらうくらい。自分でその日の服を選ぶことはしてたけど、ちゃんとファッションに注目し始めたのは中学に入ってからだなあ。漫画もリンクしてて、『スラムダンク』の影響で桜木花道が履いてたエアジョーダン1が欲しくて。大人になって買えた時は嬉しかった。

——『スラムダンク』も人気だったよね。漫画が1990年でアニメが1993年だから、その影響でバスケ部の人数多かったよ。

漫画に登場するキャラが実在するバッシュを履いてたのもよかったんだよね。流川楓のエアジョーダン5もカッコよかったし。

39

——我々が中学校に入ったくらい、1993年頃からスニーカーブームが起こったんだね。NBAも人気が出て。ちょうどその頃じゃない？　チャールズ・バークレーがCMで「豚キムチ！」って言ってたの。『Boon』もスニーカー総力特集してて凄かった。

そうだね。中学ではハンドボール部に入って忙しくなって、あんまり漫画とかアニメを見なくなったかも。その代わりに『asayan』とか『warp MAGAZINE JAPAN』(以下『warp』)を読んで、服とかブランドが気になり始めたんだと思う。

上：『asayan』（ぶんか社）／ 1994〜2003年まで刊行されていたメンズファッション誌。テリー伊藤が総合演出を務めたファッション情報番組「浅草橋ヤング用品店」（テレビ東京）のタイアップで作られた。1995年に番組がリニューアルしオーディション番組「ASAYAN」となってからもファッション路線を貫いた。下：『warp MAGAZINE JAPAN』（トランスワールドジャパン）／カリフォルニアで創刊された『warp magazine』の日本版として1996年に創刊した。アメリカ西海岸のスケートボードカルチャーやユースカルチャーをいち早く紹介してきた。2018年に休刊し、warpwebとして継続。

今夜はShake it.

☎〇三六二四〇八四〇九
東京都杉並区和泉一二三十五めんそーれ市場内

プレゼン、うまくいかなかったなア。営業のマミちゃんにも振られちゃったし、なんだか最近ツイてない。今夜は華金だし、新宿のゴールデン街でしっぽり飲もうかとも思ったけれど、足は自然と京王線へ向かっていた。代田橋で降り、甲州街道の歩道橋をわたって沖縄タウンへ。『しゃけ小島』の暖簾をくぐれば、そこは鮭の楽園だ。この上しゃけ定食がウマいのだ。焼き鮭の甘さと塩味に、おしんこに味噌汁。大切なものはすべてこのなかに詰まっている。ホロリとくるね。マスター、ごはんのおかわりもらおうかな。

アイドルしか勝たん!!

photo: Naoto Date text: Neo Iida Special Thanks: Shake Kojima

歌い、踊り、見る者を勇気づけてくれるアイドルという存在。なぜ我々は彼ら／彼女らに惹かれるのだろうか。アイドルグループとしての活動を経て、現在FRUITS ZIPPERのプロデュースを手掛ける木村ミサさん、幼い頃からハロー！プロジェクト一筋、ソロアイドルとしてデビューしたでか美ちゃん、そして週末は現場に足を運び続ける橘髙つむぎによる、アイドル座談会。

でか美ちゃん ＝ でか　　木村ミサ ＝ ミサ　　橘髙つむぎ ＝ 橘髙

でか　3人で初めて会ったの、テラスハウスを観る会じゃなかった？

ミサ　そうだ！　友達の家でテラハを観たよね。

橘髙　その時に実は私もハロヲタなんですって話をしたんだよね。

でか　懐かしい。私、ミサちゃんとは昔からのハロヲタ友達なんですよ。橘髙さんとミサちゃんは何繋がりなんですか？

橘髙　私たちはももクロ（ももいろクローバー Z）を一緒に応援していて。

ミサ　同じしおりん（玉井詩織）推し。

でか　そっか、ももクロだ。

橘髙　二人とも、どんなアイドルを応援してきたの？

でか　私は小学生のときにモーニング娘。（以下モー娘。）が流行ってて、歌えない子も踊れない子も一人もいない状況だったんです。でも中学に上がった瞬間にあゆ（浜崎あゆみ）とくぅ（倖田來未）しか聞かんって時期が来て（笑）。あやや（松浦亜弥）は聴いてたかな。で、高校にハロヲタの先輩がいて引き戻されて、一気に先輩を超えて、その年の秋には現場デビューしました。

橘髙　すごい！　出身は三重だよね？　どこかまで遠征してたの？

でか　ハロプロって有り難いことにしょっちゅうツアーをしていて、名古屋までは来るんですよ。名古屋にはバンドのライブを観に行ってたから慣れてたし、親もライブハウスよりはホールコンサートに行く方が安心だったと思います。

橘髙　高校で初現場なんだ。最初に見たのは誰？

でか　℃-uteです。確かシリアルイベントが名古屋であって。そこから現場に行き始めました。ハロプロにハマったのはBerryz工房の『ジンギスカン』のももち（嗣永桃子）を見たからなんですけどね。

橘髙　ミーちゃんのアイドル経歴は？

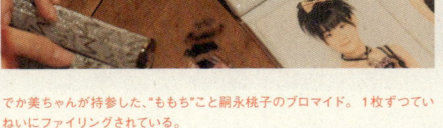

でか美ちゃんが持参した、"ももち"こと嗣永桃子のブロマイド。1枚ずつていねいにファイリングされている。

ミサ 　私も全く同じ。小学生の頃はみんなモー娘。になりたくて、周りにオーディ
　　　ションを受けてる先輩や同級生がいました。実際に、ジュンジュンとリン
　　　リン、ひとつ上にさゆ（道重さゆみ）とか年の近いメンバーもいたし。でも
　　　私の中ではモー娘。は年上の憧れの存在。同世代のアイドルというより、
　　　ずっとお姉さん。

でか 　わかる。だから2002年頃、キッズ（ハロー！プロジェクト・キッズ）が出て
　　　きた時はびっくりした。

ミサ 　子供がいる！　って思ったよね（笑）。その頃、親が何かに応募してチケッ
　　　トを当ててくれたのに、「本物に会いたくない！」って行かなかったらしい。
　　　全然覚えてないんだけど。

橘髙 　すでにこじらせてる！（笑）。

"誰かがアイドルって思ってくれたらアイドル"

でか美ちゃん

ミサ	そのあと中学で思春期に入ってロックを聴き始めて。アイドルが好きな気持ちはあっても追いかけはしなくて。再燃したのはももクロだと思う。2010年の立川のフロム中武を観に行って感動して。DVDで嵐の国立競技場ライブを観たももクロが、「自分たちも国立競技場を目指したい！」ってデパートの屋上を「国立川」と呼んで、手作りトロッコに乗ってライブしてたの。そこからもうどっぷり。
でか	えー、その数年後に国立競技場に立ったと思うと本当にすごい！
橘髙	当時、ミーちゃんは読者モデルをしてたから、ヲタクにも認知されてるヲタクって感じだったよね。
ミサ	そうです。当時はまだ界隈も狭かったから、顔見知りになりやすかったんですよね。雑誌でも「アイドル好き」が推されたし。私はただイベントでももクロを踊りたいがために、(中田)クルミさんと一緒に夜練をしてました。
でか	聞けば聞くほど関東と三重の違いを感じるなあ。私はもう本当に1人で黙々と、振り付け練習も一人でやってたから。
ミサ	でも私も現場に行き始めたのは上京して大学生になってからだよ。
でか	上京したらしたで、現場がたくさんあって、嬉しくてすぐお金なくなっちゃったのもよく覚えてる(笑)。橘髙さんはももクロの前は誰推しだったんですか？
橘髙	私はアイドル的な活動をしている声優さんを追ってたの。アイドルグループにハマったのはももクロが最初。まだヤマダ電機を回っている頃にライターをしてる友達が取材して、「すごい子たちがいる」って教えてくれた。
ミサ	へえ、かなり古いですね。
橘髙	そうだと思う。初現場は『ももクロとかまってちゃん』だったかな。ももクロはロックとかプロレスとかカルチャーとの掛け合わせが上手で、興行として本当に面白かった。
でか	私も三重にいた頃、東京にいるインターネットのハロプロ仲間が「やばいグループがいる！」って教えてくれたのがももクロでした。

アイドルとは何か。ヲタクが抱える永遠のテーマ。

橘髙	いい話だなあ(笑)。そう、それで今日みんなに聞きたいのが、「アイドルとは何だろう」ということなんです。私は、2015年に東京女子流が"アーティスト宣言"をした時からずっとこのことを考え続けていて。
でか	私は地下アイドル現場で活動していた時に、「アイドルってどういう形であってもいいんだな」って感じた出来事があるんです。
橘髙	うんうん。
でか	三重にいた頃は『(狼)』(「2ちゃんねる」のハロプロ板の名称)ばっか見ていて、ハロプロ以外はアイドルではな

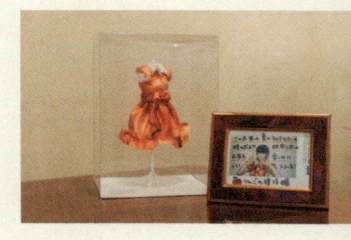

実際の生地で作られた、ももちの衣装のミニチュア。高倍率の抽選販売を勝ち抜いたでか美ちゃんの私物。

01

い！　という考えに染まってたんです。でも上京していろんなアイドルを知って、寛容になって。なかでもBiSって、地下アイドルが出来る限りのとこまでバーンと上り詰めたじゃないですか。それをすごいなあと思って見てたんですね。

橘高　横浜アリーナで解散までしてね。

でか　そうなんです。同時期に私はアイドルみたいな形でライブハウスに出始めたんですけど、最初はめっちゃ冷遇されたんです、バンドからもファンからも。でもBiSがライブハウスという現場を切り開いてくれて、叩かれなくなったし、いろんな場所でライブができるようになって。BiSは壁を突破して、アイドルとして認められた。その時に思ったんですよ。どういう形であれ、誰かがアイドルって思ってくれたらアイドルなんだろうなって。

橘高　確かに。与えられる肩書きというか。

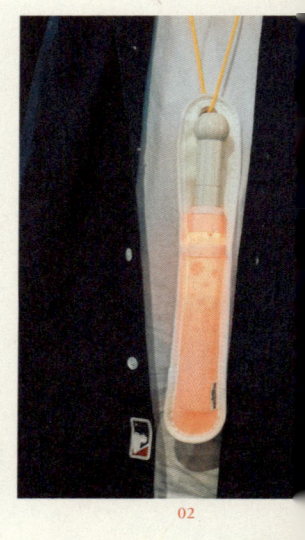

ミサ　私は、シンプルにアイドルってどういう存在かなって思ったら、やっぱり生きる原動力。今は仕事でもあるから。生きがいにもなってる。自分の生活の一部になってますね。

でか　ミサちゃんは今はプロデュースをする側だもんね。なかなか機会がなくて言えないから言わせて。後発のグループも全部成功してるって、本当にすごいことだと思う！

ミサ　ありがとう！（笑）。プロデュースしてる側としても「アイドルとは何だろう」ということはすごく考えます。アイドルらしくていてほしいし、一方でアーティストであってほしいとも思う。でもそれはアイドル自身の定義だから、型にはめられないものなのかなって。

でか　歌とダンスをきっちり届けたい、というアーティスト的なマインドを持つことがアイドルだと思う子もいれば、ファンに対して「みんなの彼女です」みたいな幸福を与えることをアイドルだと思ってる子もいる。絶対に彼氏を作らない子もいるし、みんなの前ではプロだけどプライベートは分けますという子もいる。どれも正解だなって思うんですよね。だからこそ、橘高さんが言った与えられる肩書きというのはすごくしっくりきました。

02

時代とリンクし、サバイブするアイドルたち。

橘高　あと、時代の影響も大きいなと思っていて。ライブを中心に活動するアイドルは新型コロナウィルス禍で大きな影響を受けたし、それによって配信ライブという新しいコンテンツも生まれたね。

03

01. でか美ちゃんが当てたミニチュア衣装に付属した、ももちの写真と直筆メッセージ。大切に額に入れて保管。02. ももいろクローバーZ ×〈BEAMS T〉のペンライトケース「"閃" -SEN-」。〈PORTER〉に制作を依頼した。橘高私物。03. BEYOOOOONDSの1stアルバム特典の木製メガネ。組み立て式で「O」部分がレンズに。橘高私物。04. Produce 101 Japan練習生時代の山本すず（SUZU）のアクリルスタンド。現在はME:Iで活躍中。木村さん私物。05. カントリー・ガールズの元メンバー、小関舞のサイン入り写真。額装＆ビニールで大切に。でか美ちゃん私物。

でか	確かに。FRUITS ZIPPERはまさに時代の波に乗った感じがあるよね。
ミサ	そう思う。実際はコロナ禍でデビューしたから声出しができないし、ソーシャルディスタンスで距離を保たないといけないし、厳しい状況ではあったんだよね。でもおかげで「声を出すのは怖い」とか「密着するのは……」というお客さんが足を運びやすくなった。
橘髙	令和になって、音楽番組やイベントのキャスティングがアップデートされて、風通しが良くなったことも大きかったんだろうね。
ミサ	そうですね。TikTokやSNSで応援する文化があったこともラッキーだったなって。
でか	自分は前々から女性アイドル好きだから的外れかもしれないけど、女が女に癒される時代が来てる気がします。もちろん男性アイドル好きな女性の方もいるけど、異性を応援するとかに疲れちゃった人たちがいるのかも。
橘髙	ふるっぱー（FRUITS ZIPPERの愛称）の現場はびっくりする。女の子が多くて。
ミサ	私、おしゃれして現場に行くっていう概念がなかったんですよ。全身推しグッズが当たり前って思ってたのに、FRUITS ZIPPERのファンはヘアメイクをちゃんとして、メンバーと同じ服を着て、自作の衣装をアレンジして現場に参戦する。それをTikTokとかインスタとかにバンバンあげるんです。
でか	隠してないんだよね、ヲタであることを。
橘髙	恥ずかしくない時代になったもんね。
ミサ	"推し活"って言葉も大きかったと思う。

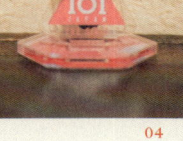

04

"アイドル"という存在の、強度の高さ。

橘髙	ふたりともアイドルとして活動していた時期があると思うけど、それって今の仕事に影響していると思う？
ミサ	私の場合、アイドルだったことよりアイドルファンだったことの方が大きいです。私は人見知りなほうだから、一人で現場に行くアイドルファンの人たちの気持ちがわかるんですよ。ハードルをどれだけ低くしたらいいか、運営側に立った時に自然と考えていて。
でか	ミサちゃんのことだから、自分がアイドル時代にしたくなかったことはさせてないし、できたことは目一杯与えてるだろうなと思う。
ミサ	それは本当にそう。私がむすびズムとして活動していたのもFRUITS ZIPPERと同じアソビシステムで、要は私も経験者なんですね。グループ時代、

05

"アイドルは生きる原動力。生きがいにもなってる。"
木村ミサ

突然サマーソニックや海外遠征が決まったことがあったから、運営が私たちをプッシュする力を持ってることはわかってるんですよ。でもやっぱり会社なので、部署が違うと連携できないこともある。そこを見直して、コネクションをかけ合わせたのがFRUITS ZIPPERやKAWAII LAB.なんです。

橘髙 成功してるから本当にすごいよ。でかさんもアイドルとして活動してたよね。

でか 私の場合、地下アイドルやってたのに急に無名のままテレビに週1で出るようになって、改名して、今は「まともですよ」みたいな顔してラジオをやってるという特殊過ぎる経歴なんですよ。だからこれまでも、自分からはアイドルを名乗らないようにしてきたんです。「アイドルは根っこが清廉潔白であるべき」という昔強く抱いていた地点から一番遠いところにいるし、芸名もめちゃくちゃだったりしたんで。

橘髙 ぱいぱいでか美はいい名前だったよ。

01

でか ありがとうございます（笑）。だから肩書きはずっと"タレント"。でもタレントとアイドルって似てるなと思うんですよ。ミュージシャンは曲が好かれなきゃ始まらないし、芸人もネタがしっかりしてないと人気が出ない。でもタレントやアイドルはどこを好きになられても恥ずかしくないというか。「顔はタイプじゃないけど喋りが好き」でも成り立っちゃう。

橘髙 確かに。でかさんの場合、アイドルというフォーマットをうまく使って自分を表現してきた印象がある。

でか 地下アイドルシーンで月に10〜15本のライブをやってた頃は、その日来た人に嫌われたらおしまい、というプレッシャーが強かったです。思い悩み過ぎて、ステージで「ライブ直後に弁当を食べたいんで、ちょっと温めますね」とか言って、紐を引っ張ったら30分で温まる弁当をプシューとかやってました。

橘髙 めちゃくちゃパンクなことやってる（笑）。

でか でも、そんな私をアイドルと呼んでくれる人もいるんですよね。有り難いことに。

橘髙 それくらい、アイドルというものの強度って高いんだなあと思うよね。今はすっかりラジオのパーソナリティだもん。

でか 就職をしたことはないんですけど、地下アイドル現場で人生経験を積ませてもらった感じはありますね。その時の経験が、今ラジオとかテレビの仕事に活きている気がします。

あの日、あの時、思い出の現場。

橘髙 印象深い現場はたくさんあると思うけど、ひとつ挙げるとしたら何？

でか 私のベストワンは2017年に青海野外特設会場で開催された、ももちのラストライブ。最高過ぎて更新されないかも。芸歴15年で引退したんですけど、どのタイミングから好きになった人もとりこぼさない、愛のあるコンサートだったんですよ。特にハロヲタ界で語り継がれてるのが、「私はご覧の通りビジュアルもいいし、愛嬌もいいし、それに運まで持ってるから大丈夫です。皆さんの方が幸せになってください」っていう言葉。ファンに幸せになって

でか美ちゃん

でかみちゃん / 1991年、三重県生まれ。高校卒業後、日本工学院八王子専門学校在学中にバンドを結成。解散後はソロアーティストとしてインディーズで活動を続け、2014年、ぱいぱいでか美として大森靖子プロデュースのシングル「PAINPU」を発表。同年、「有吉反省会」にレギュラー出演。2021年に現在の名前に改名した。

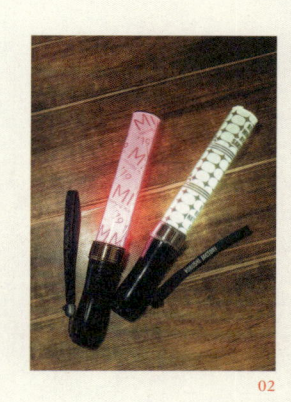

02

木村ミサ

きむら・みさ / 1990年、群馬県生まれ。FRUITS ZIPPERプロデューサー。雑誌『Zipper』の読者モデルとして活動後、アソビシステムに所属。2014年、アイドルグループむすびズムの立ち上げに裏方として関わり、自身も空色担当としてメンバーに。2017年の解散後、2022年にKAWAII LAB.の総合プロデューサーに。FRUITS ZIPPERを輩出した。

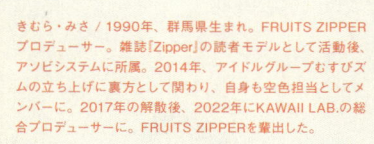

01. ももクロ玉井詩織の応援法被。2010年の「ももいろクリスマス」直前に緊張を吐露した台詞をプリント。橘高私物。02. 木村さんが大切にしているペンライトのほんの一部。左はモーニング娘。右はこぶしファクトリーのもの。

ほしい、って。

橘髙 こないだ（元アンジュルムの）佐々木莉佳子ちゃんのラストライブでも「皆さん幸せになってください」って言ってた。人としてちゃんとしてるっていうか、教わることが多過ぎる……。

ミサ 私はももクロの国立かなあ。あの満員の競技場に5人が立った姿は本当に忘れられない。デパートの屋上で見た時は距離が近かったのに、米粒みたいで。顔が見えないくらいすごいところに来ちゃったんだっていう感動がものすごくて。ライブっていうかもう、ストーリーでした。

橘髙 私は先日の豊洲PITのBEYOOOOONDSのライブ。（山﨑）夢羽ちゃんが卒業したんだけど、私は彼女がステージで泣いたのを見たことがなくて、そ

こでも涙ひとつ流さず終わったんです。それで、ああ覚悟できてないのは私だけなんだろうなって少し寂しくて。でものちに舞台裏の動画を見たら、そこでは泣いてたんだよ。ちゃんと彼女の美学があったんだ、間違ってたなあって反省した。あれは心に残ってますね。

変わってゆくアイドル像、変わらないオタクたちの愛。

でか アイドル像も変化してますよね。ふるっぱーのカラーリングはすごく素敵だと思った。

ミサ 色の概念を壊していこうと思っていて。赤がセンター、ピンクはかわいい、みたいな従来のイメージが全部ごちゃごちゃになったらいいなって。

橘髙 そもそもむすびズムの時から、ミーちゃんは"空色"だったもんね。

ミサ あの時はちょっと特殊で、宇治抹茶担当の緑から決まったんですよ。私もアイドルになりたくてグループを始めたわけじゃなかったし、それぞれが好きな色を身につければいいじゃん、みたいな感覚があって。だって私はイエローのしおりんが好きだったし、でんぱ組Inc.のねむきゅんもミントグリーン。あんまり色に優劣を感じたことがなかったから。

でか でも赤はリーダーで、オレンジはムードメーカーみたいなの、ヲタク側は少しあるよね。

ミサ アイドルには自分の好きな色を身に着けてほしいし、それをファンや子もが見て、憧れの色になったらいいなって思うんです。

橘髙 本当だね。アイドルは色んなものを与えてくれる存在だからこそ、自由に自己表現をしてほしいなって思う。

でか 一方でヲタク側は、推す自覚を持ちたいですね。人を応援するって、得てして危ない行為だなと思うんですよ。私もついアイドルと同じ服を着て、お揃いだあ！　とかやっちゃうんですけど、それってちょっと異常なんですよ（笑）。こんな奇妙な愛情表現を応援と思ってくれる推しの皆さまに、最大のアイドル性と愛情を感じつつ、甘え過ぎず、自分を律しながら応援していきたいと思います。

ミサ でも、あくまで自分が幸福であるために応援するんだもんね。好きなアイドルを応援して、かつ自分も元気になるって、すごく素敵なことだと思うな。

橘髙 私は個人的には、どのアイドルにも心身ともに健やかでいてほしい。いつもそれしか願ってないです。

ミサ 私もです。プロデュース側としても、ステージでどれだけキラキラさせてあげられるかいつも考えてます。環境を整えようって。

でか ついね、考える余り色々物申すヲタクもいますけど、心配がゆえに言いたくなっちゃうだけ。ヲタクは本来かわいい生き物なんです。

橘髙 ほんとそうだよね。アイドルもヲタクも、みんな健やかに……。

"どのアイドルも、心身ともに健やかでいてほしい。"
橘髙つむぎ

歌にダンスにレッスンに、ハロー！プロジェクトのメンバーたちの日々は忙しい。
全力でパフォーマンスする彼女たちにそっと寄り添うのが、通称"ハロプロジャージ"の存在だ。
ビームスでは、2024年にセットアップとTシャツをプロデュース。
デザインを担当した橘髙つむぎが語る、開発の思いとは。

ハロプロとジャージ

"ハロプロジャージ"とはハロー！プロジェクト所属の女性アイドルグループ7組73名（24年11月時点）のメンバーがレッスン、リハーサル、移動などで着るお揃いのジャージだ。「アイドルが練習着としてジャージを着ることはよくありますが、グループを横断して同じ服が用意されているのは珍しい。前々からプロデュースしたくてチャンスを狙っていたら、思いがけずお声がけいただいて飛び上がりました」。まず橘髙はCS番組『ハロプロダンス甲子園』に出演するダンスが得意なメンバーにヒアリング。生地はストレッチ性があり肩の可動域を広げられるポリエステル素材を採用。吸汗速乾にも優れている。ドローコードやサイドラインにより見た目もスタイリッシュに。シルエットにもこだわり、ジャケットのSサイズはショート丈、Mサイズ以上はオーバーサイズに着ることが出来る。ボトムスは程よい緩さがポイントだ。「"ハロプロメンバー全員が着る服"をプロデュースできることなんて滅多にありません。個人的にもジャージには思い入れが強く、長く部活で着ていたし、今も愛用しているファッションアイテムのひとつ。貴重な機会に感謝していますし、メンバーに喜んでもらえたら嬉しいです」

販売時のお披露目ビジュアルには『ハロプロダンス学園』（CS「ダンスチャンネル」で放送・配信中）メンバーの石田亜佑美（モーニング娘。'24）、為永幸音（アンジュルム）、段原瑠々（Juice=Juice）、秋山眞緒（つばきファクトリー）、平井美葉（BEYOOOOONDS）、広本瑠璃（OCHA NORMA）の6名が登場。

実際、着てみてどうだった？

❶ 初めて見た時の感想は？
❷ 実際に着てみて、どんなところが気に入ってる？
❸ ジャージはあなたにとってどんな存在？

秋山眞緒　　　　　　　　　　　　つばきファクトリー

❶シャカシャカだあー !! です♡ ロゴがバキッとした色味だったのもかわいくてテンションが上がりました。カラーがひとつあるとポイントになってかわいい！老若男女どんな方でも簡単に着こなしやすいセットアップジャージで、シルエットとポリエステル素材の生地感がお気に入り。すっと体に馴染んでくれたので、簡単にオシャレに着こなせました。全体的にダボっとしたオーバーサイズで、上下にラインが入っているのもスタイルがよく見えて嬉しい！ 早く踊りたくなりました♡❸私はかわいいジャージを集めるのが好き★ ダンスではもちろん、普段でも使うアイテム。楽に過ごしたい時もオシャレしたい時もジャージは万能で、欠かせないアイテムです。

あきやま・まお｜2002年、大阪府生まれ。2016年にグループ加入。『西乃風ブラン堂』（MBSラジオ）レギュラー。

平井美葉　　　　　　　　　　　　BEYOOOOONDS

❶ただただ、カッコいい！ お話をいただいた時から楽しみにしていましたが、黒を基調としたカッコいいジャージが出来上がってとても嬉しかったです。❷これまでのハロプロジャージがタイトめだったぶん、オーバーサイズのシルエットが新鮮でした。畳んだ時もあまり嵩張らないので持ち運びも苦にならず嬉しいです。あと、ファスナー付きポケットが付いているところもポイント。リハーサル中、歌詞カードとペンは必須なので、それを落とす心配をしないで全力で踊れるのはとてもありがたいです。❸"もうひとつのユニフォーム"！ 未収録ハロプロジャージを着用しているハロプロダンス学園メンバーにとっては特に。これからも大切に沢山着ます！

ひらい・みよ｜1999年、東京都生まれ。2018年にグループ加入。2024年に2nd写真集『be-lief』を発売。

為永幸音　　　　　　　　　　　　アンジュルム

❶素材やカラーなどメンバーの意見が取り入れられていて、とっても嬉しかったです！ 沢山のこだわりから愛を感じました。❷とても着心地がよく動きやすく、ダンスが上手く見えるようなデザインがとても気に入っています。踊っているとすごく汗をかくので吸汗速乾の生地なのもありがたいです。シルエットにも種類があって、メンバーの好みに合わせて、ショート丈にするかオーバーサイズにするか選べるから、着こなし方によって個性が出るのも嬉しい。❸ステージに立っている時は衣装を着ますが、練習では常にジャージを着用していて、衣装よりもジャージを着ている時間のほうが長い気がします。アイドルには欠かせない存在です。

ためなが・しおん｜2004年、長野県生まれ。愛称は「しおんぬ」。インスタで「#んぬすた」発信中。

現場主義。

photo: Naoto Date text: Neo Iida, Tsumugi Kittaka (Genba Nikki)

なぜ現場に行くのか。そこに現場があるからだ。スポットライトを浴びたアイドルが、歌い、踊り、泣き、笑う。その輝きを目に焼き付けるために、ファンは現場へと足を運ぶ。日本武道館、中野サンプラザ、AKIBAカルチャーズ劇場は、橘高つむぎの思い出の地。チケットの半券を眺めれば、ペンライトを振ったアノ日が蘇る。2024年夏の現場日記付き。

FRUITS ZIPPER
2nd Anniversary超めでたいライブ！〜NEW KAWAII〜 Day1
企画制作：KAWAII LAB.／アソビシステム株式会社
お問合せ：ホットスタッフ 050-5211-6077
◆6歳以上有料。ただし座席が必要な場合は5歳以下でも、1名につき1枚チケットが必要です。また、5歳以下のお子様で座席が不要な場合は、保護者1名につき1名のみ膝上で鑑賞可能です。＊公演指定のペンライト以外の売り物の持ち込み使用の禁止。＊5/25(土)大特典券の参加権利付き。＊転売・譲渡はお断りいたします。当日身分証のご提示をお願いする場合がございます。＊入場時、手荷物検査を行う可能性がございます。

日本武道館
２０２４年 ５月１８日（土）15:30 開場 17:0
スタンド指定グッズ付
¥13,000（税込）
南西スタンド E
株式会社 ホットスタッフプロモーション

ム コンサートツアー 2023秋
ジュルム 〜 BEST ELEVEN 〜
開場 17:00 開演 18:00
ファミリー席 ¥8,800（税込）
興協会
5-6303
不可※不正購入したチケットでの入場を
金不可・必要に応じてチケットチェック有
妨ねます※録音・録画・写真撮影禁止
る声量での継続的な歌唱や声援禁止
サイリウム、誘導灯の使用禁止
ての入場禁止
人のみの鑑賞も可能です。※ペアチケットではございません。
1名まで膝上可）4歳以上チケット必要。
がございます
南スタンド A列 4番

YUMA UCHIDA LIVE 2022 「Gratz!」
◆主催：キングレコード ◆制作：ユニオンマスターエンタテイメ
◆お問合せ：サンライズプロモーション東京 0570-00-3337（平日12
※転売禁止/転売チケット入場不可/オークション等での出品禁止
※本人確認を行う場合があるため身分証と顔写真付き身分証明書をお持ちくださ
※同行者様以外の予約入場者と一緒にご入場ください。
※詳しいエリアをご利用のお客様は事前にお問い合わせ先までご連絡
※開場・開演時刻は変更になる場合がございます。※会場内での迷惑
日本武道館
2022年11月12日（土）開演 18:00 （17:
全席指定 ¥8,500（税込）
スタンド南 1階 F列 3

つばきファクトリー
コンサートツアー 2024 春「C'mon Everybody！」
新沼希空卒業スッペシャル 〜 Ready Go！Now！〜
2024年06月10日（月） 17:00 開場 18:00 開演
日本武道館 ファミリー席 ¥8,800（税込）
お問合せ：オデッセイ 03-4426-6303
※転売禁止。転売チケット入場不可※不正購入したチケットでの入場を発見した場合返還頂きます・返金不可・必要に応じてチケットチェック有
※マスクの着用は個人判断に委ねます※録音・録画・写真撮影禁止
※声出し可。周囲のご迷惑となる声量での継続的な歌唱や声援禁止
※高輝度/扇形/円形/極端に長いサイリウム、誘導灯の使用禁止
※アルコール類の持込、泥酔しての入場禁止
※無賞での鑑賞、無賞席定での大人のみも可。※ペアチケットではございません。
※3歳以下無料（保護者1名に対し1名まで膝上可）4歳以上チケット必要。
※出演者は一部変更となる場合がございます。
1階 南スタンド E列 13番

日本武道館／1964年に東京五輪柔道会場として建設。奈良・法隆寺の夢殿をモデルにした設計は、京都タワーを手掛けた建築家、山田守。1966年に来日したザ・ビートルズが日本で唯一音楽公演を行い、1977年には矢沢永吉が日本人ソロ・ロックアーティストとして初ライブを行った。女性アイドル初単独ライブは1979年の大場久美子の引退コンサート。多くのミュージシャン、アイドルにとっての聖地である。

出演：ハロプロ研修生／ハロプロ研修生北海道　石栗奏美
企画・制作：アップフロントプロモーション／アップフロントワークス
お問合せ：オデッセー　03-4426-6303
※6歳以上チケット必要、6歳未満入場不可
※開催当日、会場内での感染予防対策にご協力をお願いいたします。
※着席での鑑賞となります。立っての鑑賞は出来ません。
※マスク着用での入場および鑑賞をお願いいたします。
※公演中の声出しは全面禁止となります。
※録音・録画・写真撮影は禁止となります。
※アルコール類の持込、及び飲酒しての入場は固くお断りいたします。
※高輝度／扇形／円形／棒形に長いサイリウム、誘導灯のご使用は固くお断りいたします。
※サイリウムはご自分の胸元の高さでご使用ください。
2021年04月17日(土)　　開場：17:15　開演：18:15
中野サンプラザホール
　　　　橋高 つむぎ 様
着席指定席　¥4,000(税込・ファンクラブ特別価格)　　　　　1階-1列-19番

2021年04月17日(土)
中野サンプラザ
ホール
開場：17:15
開演：18:15
着席指定席
¥4,000
1階-1列-19番

230621
2317358
164　　　001
2023626
18:30
01
¥5,500
02
2
7
43

「さよなら中野サンプラザ音楽祭」
FRUITS ZIPPER

PIA

◆主催：「さよなら中野サンプラザ音楽祭」実行委員会
◆特別協力：中野区/株式会社中野サンプラザ
◆特別協賛：コカ・コーラ ボトラーズジャパン株式会社
◆お問合せ：sayonara_sunplaza@pia.co.jp
※未就学児童は入場不可。

中野サンプラザ
2023.6.26(月)
17:30　開場　　　　18:30　開演
指定席
¥5,500
[消費税込み]　　　　　　　　　　　2 階
　　　　　　　　　　　　　　　　　7 列
　　　　　　　　　　　　　　　　　43 番

チケットぴあ

さよなら中野サンプラザ音楽祭実行委員会

Negicco
Negicco Second Tour
"The Music Band of Negicco"
supported by サトウ食品
企画・制作：EHクリエイターズ／Rocket Pencil K.K.
協賛：サトウ食品
協力：T-Palette Records
主催・問：DISK GARAGE 050-5533-0888
※6歳以上チケット必要（6歳未満保護者1名同伴につき1名膝上可・
座席必要な場合、別途チケット必要）
中野サンプラザホール
2016年　4月27日(水)　18:00　開場　　　19:00　開演
指定席
　　　　　¥5,500(税込)
　　　　　　　　　　　　　　　2 階　　　7 列　　　23 番
<営利目的の転売禁止>
4260001102497
(株) ディスクガレージ

中野サンプラザ／1973年、全国勤労青少年会館として中野駅前に開館。結婚式場やホテルを備える複合施設で、コンサートホールではロックから演歌まで幅広いジャンルのコンサートを開催。『カックラキン大放送!!』などテレビの公開収録でも有名に。1999年の正月以来ハロー！プロジェクトのメンバー総出演の通称『ハロコン』が行われ、ハロプロの聖地になった。2023年に閉館。

出演: 鶴久村里・島村ほまれ・上國料萌衣・伊勢鈴蘭・櫻村あかり・小野瑞歩・一岡伶奈・西田汐里
（出演者は一部変更となる場合がございます。予めご了承下さい。）

企画・制作: アップフロントプロモーション　　　後援: アップフロントワークス　　2020年11月29日(日)
お問合せ: オデッセー 03-5444-6966　　　　　　　　　　　　　　　　　　　中野サンプラザ

※6歳以上チケット必要。6歳未満入場不可
※開催当日、会場内での感染予防対策にご協力をお願いいたします。　　　　　　　　開場:17:15
※離席での鑑賞となります。立っての鑑賞は出来ません。　　　　　　　　　　　　開演:18:15
※マスク着用での入場および鑑賞をお願いいたします。　　　　　　　　　　　　着席指定席
※公演中の声掛けは全面禁止となります。　　　　　　　　　　　　　　　　　　¥5,500
※写真撮影は禁止となります。
※アルコール類の持込、及び飲酒での入場は固く断り致します。　　　　　　　　　2階-4列-34番

2020年11月29日(日)　　開場:17:15　開演:18:15
中野サンプラザ

　　　　橘高　つむぎ 様

着席指定席 ¥5,500(税込・ファンクラブ特別価格)　　　　　　　2階-4列-34番

---

iDOL Street Carnival 2016
～新春！開運！歌祭り！～
＜第1部～LUCKY！～＞
【S.P.C限定通しチケット】※お年玉袋付き　　　　【営利目的の転売禁止】

中野サンプラザホール　　　　　　　　　　　　　　●消費税込み
2016年　1月17日(日)
12:00PM開場　　1:00PM開演　　　　　　全席指定　　　¥11,200

　　1 階　　　　　　17 列　　　　　　　2 番

■主催: エイベックス・ヴァンガード(株)　※3歳以上有料。
■協力: S.P.C(SUPPORT PRODUCERS CLUB)
■制作・運営: エイベックス・ライヴ・クリエイティヴ(株)
■お問合せ: サンライズプロモーション東京　0570-00-3337

裏面の注意書きをお読み下さい

プリパラ＆キラッとプリ☆チャンAUTUMN LIVE TOUR
み～んなでアイドルやってみた！

主催: エイベックス・ピクチャーズ　特別協賛: タカラトミーアーツ
お問合せ: インフォメーションダイヤル 03-5793-8878 (平日13時~18時)
※3歳未満入場不可
※イベント日時、会場、出演者は予定のため変更になる可能性あり。
※再入場不可　※転売禁止
中野サンプラザ
2018.9.29(土)
18:00　開場　　　　　19:00　開演

　　　　　　　　　　　　2 階
　　　　　　　　　　　　2 列
　　　　　　　　　　　　5 番

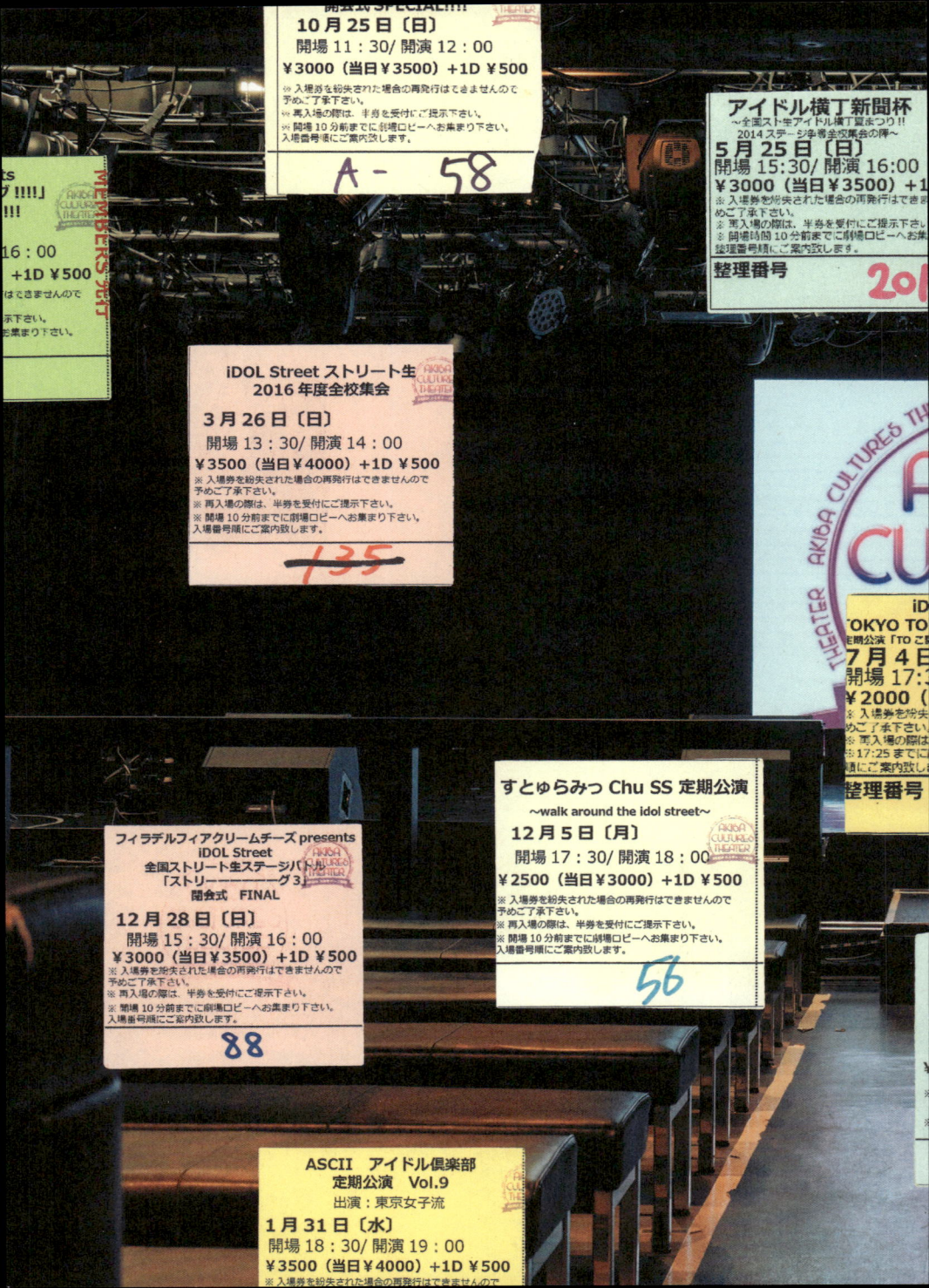

デビュー直前アイドル5組新人公演 2015
［金曜日：わーすた］Vol.6
8月28日〔金〕
開場 12：30/ 開演 13：00
¥1500（当日¥2000）+1D ¥500
※ 入場券を紛失された場合の再発行はできませんので予めご了承下さい。
※ 再入場の際は、半券を受付にご提示下さい。
※ 開場10分前までに劇場ロビーへお集まり下さい。入場番号順にご案内致します。

235

i ☆ Ris
芹澤 優生誕祭
11月30日〔日〕
開場 17：30/ 開演 18：00
¥2000（当日¥2500）+1D ¥500
※ 入場券を紛失された場合の再発行はできませんので予めご了承下さい。
※ 再入場の際は、半券を受付にご提示下さい。
※ 開場10分前までに劇場ロビーへお集まり下さい。入場番号順にご案内致します。

119

i ☆
若井友
11月3日
開場 12：0
¥2000（当日

すとゅらみっ Chu
デビュー直前アイドル5組新人公演
月曜日［すとゅらみっ Chu］Vol.1
7月18日〔月〕
開場 12：30/ 開演 13：00
¥1500（当日¥2000）+1D ¥500
※ 入場券を紛失された場合の再発行はできませんので予めご了承下さい。
※ 再入場の際は、半券を受付にご提示下さい。
※ 開場10分前までに劇場ロビーへお集まり下さい。入場番号順にご案内致します。

168

デビュー直前アイ
新人公演 2016 結果
〜シンデレラは私
9月10日〔土〕
開場 12：30/ 開演 1
¥2500（当日¥3000）
※ 入場券を紛失された場合の再発行は
予めご了承下さい。
※ 再入場の際は、半券を受付にご提示
※ 開場10分前までに劇場ロビーへ
人場番号順にご案内します。

41

ストリート生
行会
演 17：00
00）+1D ¥50
再発行はできませんので
にご提示下さい。

8

11

AKIBAカルチャーズ劇場 / 秋葉原の『AKIBAカルチャーズZONE』の地下1階に、2013年に開館したライブ劇場。アイドルや声優のライブ、アニメ上映、YouTuberイベントなど様々なポップカルチャーの公演を行う。こけら落としはアップアップガールズ(仮)などのミニライブ。AKB48、東京女子流など、多くのアイドルグループがステージを彩った。曜日ごとの定期公演も行っている。

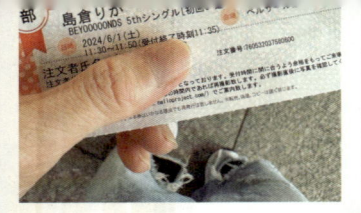

BEYOOOOONDS 5thシングル
「灰toダイヤモンド/Go City Go/フックの法則」
発売記念 2ショットチェキ会 第1部
@ベルサール飯田橋ファースト(飯田橋)

久しぶりの個別イベント。2ショットチェキを複数応募したものの、当選したのは島倉りかちゃんのみ。チェキは毎回緊張する。

「TOKYO IDOL FES...
supported by にした...
@お台場、青海周辺エ...

毎年参戦している「...
FESTIVAL」! 夏曲...
タドールを欠かさず観...
ンで、今年は他にFRU...
クトリー、Juice=Juic...
Appleの全6グループ...
ダンスも観たかったけ...

2024年6月27日

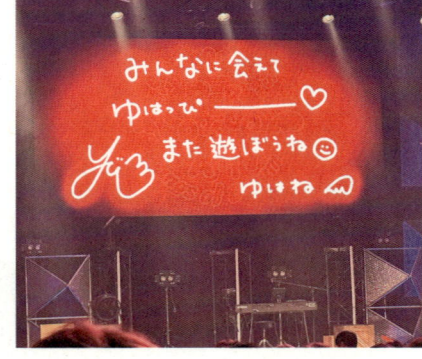

BEYOOOOONDS LIVE TOUR 2024
SPRING 〜 PERSOOOOONALITY「Wings of Dreams」〜 山﨑夢羽卒業公演
@豊洲PIT(豊洲)

ついにこの日が来てしまった。山﨑夢羽ちゃんは一粒の涙も見せなかったけど、後に開演前に泣いていたと知り、プロ意識の高さを感じてますます好きに。島倉りかちゃんの挨拶は記憶に残り続ける名場面。世界へ羽ばたいてほしい!

2024年6月7日

BEYOOOOONDS CHICA#TETSU
西田汐里 バースデーイベント 2024
@代々木山野ホール(代々木)

今日は西田汐里ちゃん21歳のバーイベ(バースデーイベント)。セトリは西ちゃんがハロー!プロジェクトを好きになってすぐどハマりした曲で構成したとのこと! モーニング娘。さん中心のセトリ、最高だった!

橘髙つむぎ、2024年夏の現場記録。そのほんの一部。

2024年8月30日・9月1日

ANGERME CONCERT 2024
SECRET SECRET 佐々木莉佳子 FINAL
「愛情の世界へ、君もおいでよ」
@横浜アリーナ（新横浜）

佐々木莉佳子ちゃんの卒業コンサート😢　オープニングのソロダンスパフォーマンスから七転び八起きまでのパートはカッコ良すぎて痺れた。個人的には莉佳子ちゃん、かわむー（川村文乃）、れらたん（伊勢鈴蘭）の「有頂天LOVE」が嬉しかった。

コミックマーケット104
@東京ビッグサイト

夏も冬も、必ず1日は参加するコミックマーケット（通称コミケ）。ファンがどんな視点でそのアニメを楽しんでいるかわかるし、薄い本のクオリティも高くて勉強になる。今回は昼頃に会場につい
てゆっくり会場を回った。

2024年6月26日

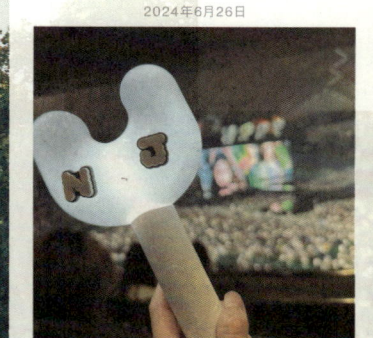

「NewJeans Fan Meeting
'Bunnies Camp 2024 Tokyo Dome'」
@東京ドーム（水道橋）

同僚がチケットを譲ってくれて参加できた初NewJeans。今や伝説となったハニちゃんの「青い珊瑚礁」を生で聴けたのは一生誇りにしようと思う。NewJeansのペンライトはファンの名称であるBunnies(バニーズ)を引用したウサギ型で、目の部分を付け替えられる。デザインが秀逸。

2024年8月30日、9月1日

nimelo Summer Live 2024 -Stargazer-」
いたまスーパーアリーナ（さいたま新都心）

アニサマこと「Animelo Summer Live」も参加している。大好きな『響け！ユーフォニア』北宇治カルテットのスペシャルステージをたこと、念願叶ってでんぱ組.incが初出場でこと、デビューから応援しているi☆Risちゃちが1日目のトリを務めたこと、色々あって嬉ぎて泣いた。特にi☆Risちゃんたちは初出場も現場にいたので感慨深かった！

2024年6月7日

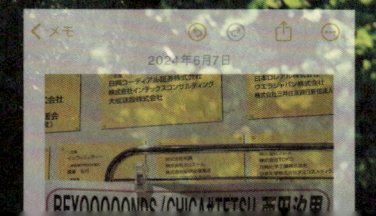

僕たちのアニソンプレイリスト

何も考えずに聴け

Tr.	Title	Artist & Anime	Time
1	Girlish Lover	自らを演出する乙女の会 (TVアニメ『俺の彼女と幼馴染が修羅場すぎる』)	4:07
2	Daydream café	Petit Rabbit's (TVアニメ『ご注文はうさぎですか？』)	4:24
3	とまどい→レシピ	みかくにんぐッ！ (TVアニメ『未確認で進行形』)	4:31
4	残念系隣人部★★☆	友達つくり隊 (TVアニメ『僕は友達が少ない』)	4:15
5	太陽曰く燃えよカオス	後ろから這いより隊G (TVアニメ『這いよれ！ニャル子さん』)	4:13
6	SOMEONE ELSE	種島ぽぷら、伊波まひる、轟八千代 (TVアニメ『WORKING!!』)	4:05
7	回レ！雪月花	歌組雪月花 (TVアニメ『機巧少女は傷つかない』)	4:16
8	プレパレード	逢坂大河、櫛枝実乃梨、川嶋亜美 (TVアニメ『とらどら』)	4:08
9	経験値上昇中☆	南春香、南夏奈、南千秋 (TVアニメ『みなみけ』)	4:33
10	チカっとチカ千花っ♡	藤原千花 (TVアニメ『かぐや様は告らせたい～天才たちの恋愛頭脳戦～』)	1:33

1.今回のプレイリストを象徴する曲。リアタイしてた時ぶち上がってたな。2周目以降はど頭の「いっせーの！」で一緒に叫んでほしい。2.心がぴょんぴょんしちゃう曲。3.ギターのイントロからの「イェイ♪イェイ♪」は是非一緒に。「イェイ♪イェイ♪」です。4.イントロからわかる電波ソング。アニソンがちゃんとアニソンしてた時代の名曲です。最高。5.折り返し地点！みんなご存知、「うー！　にゃー！」と叫んでいきましょう！6.頭を空っぽにして「サムワン！」の後に「ワンワン！」です。いいですね？7.疾走感もあり盛り上がる曲ですが「今週も終わりか……」と寂しくなります。8.釘宮さん、堀江さん、キタエリさんが歌うこのアニソンは昨今のアニメではもう有り得ない。作品を見ていた皆さんにも懐かしいなーって思ってもらえたら。9.終盤は緩やかに「Ｍ・Ｉ・Ｎ・Ａ・Ｍ・Ｉ・Ｋ・Ｅ レッツゴー！」とご一緒に。10.近年最強格のザ・アニソン。アニソンが昨今はJ-POP寄りになっていて少し落胆していたのですがアニソンの歴史はきちんと引き継がれていた……。新世代のアニソンで締めさせていただきます。森へお帰り……。

Profile　森 悠輝

もり・しゅんすけ／スタイリスト。ISETAN MEN S、伊勢丹新宿店本館2階のTM、ジーワードオンライン、江南玉の花嵐などのフリーランスで活動。(物語シリーズ）

もし自分がアニソンライブを開催したら……な妄想セトリ

Tr.	Title	Artist & Anime	Time
1	ようこそジャパリパークへ	どうぶつビスケッツ×PPP (TVアニメ『けものフレンズ』)	3:40
2	DISCOTHEQUE	水樹奈々 (TVアニメ『ロザリオとバンパイア CAPU2』)	4:28
3	恋愛サーキュレーション	花澤香菜 (TVアニメ『化物語』)	4:18
4	ハレ晴レユカイ	平野綾、茅原実里、後藤邑子 (TVアニメ『涼宮ハルヒの憂鬱』)	4:16
5	ライオン	May'n、中島愛 (劇場アニメ『劇場版 マクロスF 虚空歌姫～イツワリノウタヒメ～』)	5:09
6	革命デュアリズム	水樹奈々×T.M.Revolution (TVアニメ『革命機ヴァルヴレイヴ』)	4:12
7	コネクト	ClariS (TVアニメ『魔法少女まどか☆マギカ』)	4:42
8	Changing point	i☆Ris (TVアニメ『魔法少女サイト』)	4:01
9	僕たちはひとつの光	μ's (劇場アニメ『ラブライブ！ The School Idol Movie』)	4:44
10	未来へのフリューゲル	悠木碧、水樹奈々、高垣彩陽、日笠陽子、南條愛乃、茅野愛衣、井口裕香 (TVアニメ『戦姫絶唱シンフォギアXV』)	5:41

1.歌詞が好きなんです！可愛い曲だけど実はめっちゃいいこと言ってる！ちょっとBEYOOOOONDSっぽい気もしてます。2.可愛すぎて大好きな曲。2024年のBEYOOOOONDS秋ツアーのタイトルが『DISCOOOOOTHEQUE』だったから、いつかみんなの前で歌いたい3.同じく可愛くて大好きな曲。上手に歌うためにウィスパーボイスを練習したくらい好き。4.ダンスも大好きな曲！みんなと一緒に踊りたい1曲！5.名曲！とにかく好き！カラオケでも必ず歌う！誰かと一緒に歌うとより気持ちが上がる曲シリーズ！熱量がすごくて、ハモりもくふめ大好きな曲。一緒に歌ってくれる人募集中です！(笑)7.曲の明るさと、話の内容のダークさのギャップが大好物。最後の方の歌詞が特に好き。8.ダークな魔法少女ものをもうひとつ……。ダークすぎるアニメの内容と歌詞とのリンクが好きな曲。9.μ'sのメンバーのお名前が入っている歌詞がとにかく好き。聴くだけで泣ける曲。10.シンフォギアシリーズの曲は歌詞もメロディも全部いい！物語を思い出してまた涙。

Profile　高瀬くるみ

(BEYOOOOONDS)

たかせ・くるみ／1999年、栃木県生まれ。YouTubeチャンネル「～PRIDE OF ORANGE～」で撮れなな番を熱演。絶賛発売中。『アラメル』……

ぶち上がりたい時も、泣きたい夜も、聴きたくなるのはいつもアニソン。

Profile

斉藤円香

（OCHA NORMA）

さいとう・まどか/2002年、埼玉県生まれ。「ハロー！プロジェクト」所属中。小学生の頃から「あんさんぶるスターズ！」が好きで、生涯の推しは十龍之介。

Playlist Title

元気な曲から浸りたい曲まで、好きが詰まったプレイリスト

Tr.	Title	Artist & Anime	Time
1	夢咲き After School	放課後クライマックスガールズ (TVアニメ『アイドルマスター シャイニーカラーズ』)	4:32
2	GO!GO!MANIAC	放課後ティータイム (TVアニメ『けいおん！』)	4:08
3	天下無敵☆メテオレンジャー！	流星隊 (TVアニメ『あんさんぶるスターズ！』)	4:07
4	FUTURE FISH	STYLE FIVE (TVアニメ『Free! - Eternal Summer -』)	4:17
5	Fly in the sky	香賀美タイガ (劇場アニメ『KING OF PRISM by PrettyRhythm』)	3:52
6	KEEP OUT	Eden (TVアニメ『あんさんぶるスターズ！』)	3:58
7	CHASE!	優木せつ菜 (TVアニメ『ラブライブ！虹ヶ咲学園スクールアイドル同好会』)	4:07
8	ST☆RT OURS	ST☆RISH (劇場版『うたの☆プリンスさまっ♪ マジLOVEスターリッシュツアーズ』)	5:09
9	星が降る夢	藍井エイル (TVアニメ『Fate/Grand Order –絶対魔獣戦線バビロニア–』)	5:04
10	M@STERPIECE	765PRO ALLSTARS (劇場アニメ『THE IDOLM@STER MOVIE 輝きの向こう側へ！』)	5:46

1.リズミカルなアイドルソングで、青春感も味わえて、しっかりパワーを貰えるところが好きです！ 2.リリースは2011年だけど、ずっと色褪せない名曲。歌詞も「けいおん！」らしさがあったり、演奏も派手だったりして、とても好きです！ 3.流星隊は劇中に登場するアイドルユニット。5人のメンバーの個性溢れる歌声を聴くと、いつも力を貰えます！ 4.「Free! - Eternal Summer -」の楽曲は好きな曲が多いのですが、元気な曲といえばこの曲！ 5.タイガくんの歌声はもちろん、楽曲も本当にいいので、全人類に聴いて欲しい。 6.好きなアーティストのReolさんが作詞作曲していて、どこを切り取ってもReolさんらしい世界観があってとても好きです！ 7.力強い歌声から切ない歌詞に引き込まれる感じがして、ずっと好きな曲です！ 8.ST☆RISHは青春！ 最近の劇場版を見てからこの曲が大好きなので、最近のST☆RISHを知らない方も是非聴いてほしい！ 9.切ない気持ちになりたい時に聞きたくなる曲です。10.ラストを飾るのはこの曲！ アイドルマスターの全ての歴史が詰まった名曲です。

Profile

緑高つむぎ

きっとか・つむぎ（東京都生まれ。「マジカル・ビームス」プロデューサー。休日はどこかしらの現場にいる、アニメ、アイドルと声優ヲタク。

Playlist Title

大切なことはアニソンが教えてくれる

Tr.	Title	Artist & Anime	Time
1	恋☆カナ	月島きらり starring 久住小春 (モーニング娘。) (TVアニメ『きらりん☆レボリューション』)	2:55
2	M@STERPIECE	765PRO ALLSTARS (劇場アニメ『THE IDOLM@STER MOVIE 輝きの向こう側へ！』)	2:55
3	星間飛行	ランカ・リー (中島愛) (TVアニメ『マクロスF』)	2:55
4	最強パレパレード	平野綾、茅原実里、後藤邑子 (ラジオ『涼宮ハルヒの憂鬱SOS団ラジオ支部』)	2:55
5	うまぴょい伝説	ウマ娘 (TVアニメ『ウマ娘プリティーダービー』)	2:55
6	七つの海よりキミの海	上坂すみれ (TVアニメ『波打際のむろみさん』)	2:55
7	僕らのLIVE 君とのLIFE	μ's (TVアニメ『ラブライブ！』)	2:55
8	1000%SPARKLING	佐藤利奈、神田朱未、野中藍、小林ゆう (TVアニメ『ねぎま!?』)	2:55
9	恋？で愛？で暴君です！	Wake Up, Girls！ (TVアニメ『恋愛暴君』)	2:55
10	プラチナ	坂本真綾 (TVアニメ『カードキャプターさくら』)	2:55

1.この曲で「甘いものほどしみる」ということを知りました。2.全ての夢を持つ人々に聴いてほしい一曲。3.菅野ようこ先生の「銀河一のアイドルのデビュー曲」というリクエストに対し松本隆先生の完璧なアンサーが秀逸。4.年をとって冒険が足りてない自分への、涼宮ハルヒと作詞家の畑亜貴先生からのメッセージソングだと勝手に理解。5.(自分も含め)ヲタクがライブで盛り上がるコール全開電波ソング。「キス」ではなく「チュウ」を選んだ歌詞に敬意しかない。作詞作曲の本田晃弘さんからセンスを学びました。6.神崎暁さん作曲、畑亜貴さん作詞の大好きなコンビの一曲。「興奮しきっとケンゼンだ」は私の道標。7.名曲揃いの「ラブライブ！」楽曲の中でも原点。「元気の温度は下がらない」んです！ 8.「同じ曲のバリエーション違いのOP」を初めて知った曲であり、当時受けた衝撃とアニソンならではの疾走感が好きでずっと聴いている一曲。9.ずっと不安定だけど中毒性のある曲。「変でも良い」と教えてくれます。10.坂本真綾さん、菅野ようこさん、岩里祐穂さんの最強トリオによる神曲。夢と恋と不安でできている世界は優しい世界。

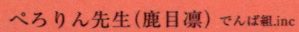

●ヲタクとアイドルのあるあるが楽しいぺろりん先生のイラストは、公式Xアカウント @peroperorinko01 でも見られるぞ！

ぺろりん先生（鹿目凛）でんぱ組.inc

ぺろりんせんせい（かなめ・りん）｜埼玉県生まれ。2014年よりアイドル活動をスタートし、2017年にでんぱ組.incに加入後、かねてよりイラストに定評があり、2016年にヲタクを描いたイラストを使ったLINEスタンプを販売開始。同年、ぺろりん先生の名で『月刊ENTAME』（徳間書店）で4コマ漫画『ぼっちアイドルまいまい。』連載開始。著書に『よもぎちゃん』（小学館）など。Instagram: @kaname_rin

——『asayan』ってテレビ東京の『浅草橋ヤング洋品店』から生まれた雑誌だったよね。もともと番組でもファッションを取り上げてて、そのうちリニューアルして『ASAYAN』ってオーディション番組になったけど。

めちゃくちゃ読んでた。堀内さんとの対談でも話したけど（P74）、「LAST ORGY 3」を欠かさず読んでた。藤原ヒロシさんとNIGO®さんとジョニオ（高橋盾）さんが自分の好きなものを紹介する連載なんだけど、中学生の自分に刺さったんだよね。それで、その連載に載ってたものを調べて買いに行くようになって。

——どこに行ってたの？

もちろん原宿ですよ。電車に乗って一人で竹下通り歩いて。

——私は地元が下町で、原宿に行くのは高校生からなんだけど、きっちゃんも国分寺で遠いのにかなり早かったんだね。友達と？

ううん、一人で行ってた。

〈Northwave〉の「espresso」／ 1980年代初期にイタリア北東部ベネト州モンテベッルーナで創業し、1991年にスノーボードブーツブランド〈Northwave〉を設立。同年"アフタースノー"をテーマに街履きできる「espresso」を発売。1995年、藤原ヒロシが『asayan』の連載「LAST ORGY 3」や「COOL TRANS」の連載「SUPER NATURAL」などで紹介し、1996年にPUFFYが着用して男女ともに人気の一足に。橋濱の私物は2024年の復刻版。

MY PERSONAL CULTURAL HISTORY

| 1980s | 1990s | 2000s | 2010s | 2020s |

65

〈GOODENOUGH〉のキャップ／橋高が90年代に購入したもの。カラーは赤。〈GOODENOUGH〉は〈C.E.〉のデザイナー SKATE THINGの提案により、藤原ヒロシ、岩井徹、水継の4人で立ち上げたブランド。

MY PERSONAL CULTURAL HISTORY

| 1980s | 1990s | 2000s | 2010s | 2020s |

〈A BATHING APE〉のTシャツ／こちらも橋高が90年代に原宿の「NOWHERE」で購入したもの。カラーはライトベージュ。〈A BATHING APE〉は1993年に映画『猿の惑星』にインスパイアされたNIGO®が立ち上げたブランド。猿の顔を迷彩柄に取り入れた"ベイプカモ"が人気を博した。2011年に香港のアパレル企業I.Tが事業を引き継いだ。

——行動力がすごいな。

『ELT』行って、『メイドインワールド』行って、『HECTIC』行って。憧れの『NOWHERE』にも行ったよ。〈UNDERCOVER〉が置いてあったけど、コレクションブランドだから高くて買えなかった。

——お小遣いで買ってたの?

基本的にはそう。まず買った服はちゃんと着るでしょ。仮に欲しいものができたら前の服を高く売ってた。『クワント』ってフリマ雑誌があったの覚えてない?　それを使ってたよ。

ステッカー各種／橋高が主に90年代に裏原宿で集めたショップやブランドのステッカー。プロスケーターの江川芳文と『VINTAGE KING』などのバイヤーを務めた真柄尚武が1994年に立ち上げたブランド〈HECTIC〉のものや、SKATE THINGが手掛けた〈GOODENOUGH〉のものなど。定番のロゴだけでなく様々なグラフィックが生みだされていた。引用元のネタも時代性を感じる。

MY PERSONAL CULTURAL HISTORY

1980s　　　　　1990s　　　　　2000s　　　　　2010s　　　　　2020s

——しっかりした中学生だね(笑)。

歩いていて「その服売ってください」って言われたこともあったなあ。

——えっ、着てるのを?　『Boon』が即ゲットって煽ったせい?　当時の物欲やばいな。そりゃエアマックス狩りも出るね。高校生になってからも変わらず原宿に通ってたの?

そう。高校でハンドボール部に入って部活が忙しくなってからは、休みの日を狙って頑張って原宿に行ってた。『NEIGHBORHOOD』に移転した『NOWHERE』に……。

——もはやどっちが部活かわかんないね(笑)。

そうだね(笑)。その頃から、アパレルに落とし込まれてる絵の作者はこの人とかが気にな

左: 『大LB夏まつり』のチラシ／ 1996年7月14日に日比谷野外大音楽堂で開催された音楽イベント。LBとは「LittleBird」の略。スチャダラパー、TOKYO No.1 SOUL SET、THE CARTOONS、TONEPAYSが中心となって構成され、のちに脱線3や四街道ネイチャーなども参加。一週間前には同会場でECDが提唱し、RHYMESTER、BUDDHA BRAND、キングギドラらが参加した『さんピンCAMP』が行われていた。右: 『NOTHING MUCH BETTER TO DO』／ DJデビューから11年後の1994年にリリースされた、藤原ヒロシのファーストアルバム。過去に提供した楽曲を含むセルフカバー 4曲と新曲4曲で構成され、その高い完成度により氏の音楽的評価を高めた1枚。

り始めてた。〈GOODENOUGH〉とかのステッカーも、グラフィックがいいなあって。その情報が知りたくて雑誌を読んでね。まだインターネットがないし、それしか方法がなくて。

——でもなんでそこまでハマったんだろうね、裏原に。

メジャーじゃないところだったのかな。女子高だったし、あのカルチャーがわかる人が全然いなくて、自分だけが良さをわかってるっていう自負があったんだと思う。

——なるほどね。他に好きだったものは？

音楽だね。それも中学の頃から雑誌きっかけで色々知るんだけど、スチャダラパーのANIさんやBOSEさんって、おすすめのものを紹介するセレクターみたいな立ち位置でよく雑誌で見かけたじゃない。元々「LAST ORGY 3」のあの世界観で育ってるから、そういうところに信頼を置いてたんだと思う。音楽性とかっていうよりもモノに詳しい人みたいな感じで注目してた気がする。1996年の『大LB

夏祭り』のチラシとかまだ取ってあるよ。

——これはかなりレアそうだね。

多分そうじゃないかな。藤原ヒロシさんのアルバムの広告も切り抜いてスクラップしてる。あと中学の頃からコーネリアスも好きだったね。1994年のライブツアーに行った時のパンフレットが残ってんだけど、これは名作だよ。確か信藤三雄さんがデザインしていて、ビジュアルページもあるし、楽譜も付いてるし、アメコミもある。元ネタがビースティー・ボーイズ界隈が作ってた『グランドロイヤルマガジン』だと知って、サンプリング元も探したりした。今日持ってきたのは別の号だけど、このパンフレットと似た表紙のやつがあるんだよ。ブルース・リーのイラストの。

——雑誌しか情報源がない時代に偉いなあ。

正直音楽のことはあんまり詳しくないけど、特にコーネリアスは販促物のクオリティがすごくて影響を受けたと思う。今見てもかっこいいもんね。

上:『CORNELIUS ANNUAL：THE FIRST QUESTION AWARD TOUR』／コーネリアスの1994年ツアーパンフレット。楽譜やクロスワードパズル、テリー・ジョンスンによるピチカート・ファイヴの広告などを収録。『GRAND ROYAL MAGAZINE』vol.1の表紙をサンプリングしたもの。下:『GRAND ROYAL MAGAZINE』vol.2 ／ Beastie Boysが1992年にキャピトル・レコードと共同設立したレーベル「グランド・ロイヤル」から発行していた雑誌。1970年代の映画やテレビドラマ、大衆文化にまつわる記事を詰め込み、ユースカルチャーに影響を与えた。1993〜1997年に6号のみ発行。橘髙私物のvol.2はレゲエとダブの巨匠リー・ペリー特集。襟足を伸ばす髪型"マレット"についても触れている

69

——私はコーネリアスを通らなかったけどあの"C"マークは印象に残ってるし、世界観を作るのが上手だったよね。コーネリアスに限らず、90年代に雑誌の常連だったアーティストたちって、自分なりのスタイルが確立していてファッションアイコンでもあった。『ロッキンオンジャパン』も読んでたけど、写真家たちが撮り下ろすビジュアルも毎回ワクワクしたよ。

——写真の時代でもあったからね。『STUDIO VOICE』がシャッター&ラヴ特集をして、ヒロミックスが登場して、ビッグミニが売れて。『アウフォト』も買ってたよ。90年代後半は音楽と写真とファッションと、それを紹介する雑誌の力が強かった。まだインターネットが普及してない頃の、まだまだ紙が強かった時代だね。

グラフィックへの興味がどんどん強くなった頃だと思う。『monsoon ep』の「SKATE THING（スケートシング）」特集は2001年に出た雑

誌だけど、スケシンさんのワークスがまとまってて大好きな本なんだよ。

——モンスーンクルー懐かしいなあ。確か文芸批評家・福田和也さんのゼミ生たちが立ち上げたんだよね。ビックリマン特集とブッチュくんが表紙の号持ってた。ああいう"わかる人にはわかる"みたいなインディペンデントの匂いがする雑誌好きだったなあ。渋谷パルコの地下にあった青山ブックセンターとか、ヴィレッジヴァンガードで買ってた気がする。この頃はアニメは見てないの？

裏原に行くようになってからそっちに傾倒しちゃって、アニメはすっぽり抜け落ちてる。

『monsoon ep』「SKATE THING」(飛鳥新社)／2001年にモンスーンクルーが刊行した雑誌『monsoon ep』のSKATE THING特集。グラフィックやコラージュ、写真などを掲載。『モンスーン』は、慶應義塾大学湘南藤沢キャンパス(SFC)の福田和也ゼミ生によって創刊準備号に加え4号まで制作された雑誌で、インディペンデントマガジンではなく四谷ラウンドから発行された流通誌であった。『ep』は本誌の特集をシングルカットしたもの。

70

MY PERSONAL CULTURAL HISTORY

| 80s | 1990s | 2000s | 00s | 2020s |

カレカノ（『彼氏彼女の事情』）は見てたけど。

──庵野（秀明）監督の作品だっけ。90年代後半は『新世紀エヴァンゲリオン』もそうだけど、庵野監督が猛威をふるってたよね。『ラブ&ポップ』もあったし。こういう情報を私はロッキンオンから出てた『H』とか、『クイック・ジャパン』でチェックしてた気がする。"アニメ"の監督もサブカル的な文脈で解釈されていくんだなっていうか。

カレカノは青春群像劇だけど、どこか『エヴァ』感があるのがいいんだよね。不穏な感じ。

──時代全体がそうだったとも言えるしね。まだまだバブルの名残りがあったとはいえ、なんといっても世紀末なわけだから。1999年7の月、本当に何かあると思ってたもんな。

1980s

2020s

『彼氏彼女の事情』Blu-rayBOX（期間限定版）／累計1100万部を超える津田雅美の原作漫画をガイナックスがアニメ化。1998年にテレビ東京系にて放送され、"仮面優等生"である主人公ふたりの恋愛と成長を描き大ヒットした。放送開始から21年後の2019年に、FORS（フォルス）技術でHD化しBlu-ray作品に。外箱にはアニメーター、平松禎史による描き下ろしイラストが。

72

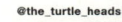
@the_turtle_heads

MESSAGE FR OM
MESS AGE MESS AGE

1995年に7STARS DESIGNを立ち上げた堀内俊哉さんは、90年代の血気盛んなファッションおよびミュージックシーンのなか、メジャーとオルタナティブを自由に行き来した稀有な存在だ。当時学生だった橘高つむぎは、その表現方法に強く惹かれたという。アーティストとしても活躍する、堀内さんのグラフィック、デザイン、アート、そしてカルチャーへの思いとは。

ストリートのデザインとその時代

02

04   03

01. 堀内さんが1994年にデザインした江川芳文のスケートデック。スケートボードチームAT19加入後の江川が最初に乗った、思い入れのある一枚。02. 原宿にあった伝説のショップ「NOWHERE」の2周年記念本『NOWHERE 2YEARS』。雑誌連載やアートワークなどを収録し、当時の堀内さんを取り巻く雰囲気がわかる。03. ヒップホップグループEAST ENDと東京パフォーマンスドールのメンバー市井由理のユニット、EAST END×YURIのデビュー・ミニアルバム『DENIM-ED SOUL』。インディーズ流通版としてリリースされたもの。04. アイドルグループQlairと肩を組む堀内さん。この写真が顔ハメパネルに。「若いから僕が選ばれました（笑）。役得でしたよ」（堀内）05. 小泉今日子の15枚目のアルバム『No.17』。シングル曲「丘を越えて」などの他、プロデュースを手掛けた藤原ヒロシと屋敷豪太による「あたしのロリポップ」「HOW R U?」といった楽曲も収録。

05

photo: Naoto Date   text: Nami Yokoyama
title direction: Toshiya Horiuchi   edit: Neo Iida
Special Thanks: Mirai Seike (STEE GRADE SHARP CURVES)

始まりは音楽畑。
〈*Epic*ソニー〉でダビングの日々。

堀内俊哉(以下堀)＿(橘髙の靴を見て)ん？　それ、〈Northwave〉ですか？

橘髙つむぎ(以下橘)＿これは復刻版なんですけど、当時も履いてました。「LAST ORGY 3」(雑誌『asayan』で1994〜1997年に掲載されていたNIGO®と藤原ヒロシの連載)に出てるのを見て欲しくなって、めっちゃ探しましたよ。

堀＿あ、じゃあディグってくれたんだ！

橘＿あの連載、大好きだったんです。堀内さんはページのデザインを担当されていたんですよね。

堀＿そう。外部デザイナーとして担当してました。『宝島』連載時は宝島社によく行ってたなあ。

橘＿めちゃくちゃ影響受けてます。高橋盾さんとNIGO®さんのお店『NOWHERE』の2周年記念で発売された『NOWHERE 2YEARS』も、一生懸命並んで買いました。「LAST ORGY 3」をひとまとめにして出したような本でしたよね？

堀＿そう。連載はもう終わってたんだけど、アーカイブしてみようかって。一旦の節目だったかもね。(ページをめくって)あ、このクレジットやばい。僕と岩田(圭市。7STARS DESIGNのデザイナー)の名前が両方載ってる。写真は内藤啓介だ。彼も自分のスタイルを開拓しましたよね。この本は『NOWHERE』にいつも集まってる面々で制作された感じでした。その面子で地方でイベントやったりして、僕もフライヤーのデザイナーという肩書きで一緒に連れて行ってもらって。付いていって向こうでDJして。ついでにTシャツや物販を手伝って、そのお金で遊んで、みたいなことをやってましたね。周りに居た若い子たちも一緒に行ってパーティーやって帰ってくる、みたいな。

橘＿憧れます。私が原宿に通い始めた90年代は、まさに堀内さんのデザインが原宿の街に溢れてた時代なんですよ。だから今日お話しができてとても嬉しいです。そもそも堀内さんは、どうしてデザインをやることになったんですか？

堀＿話すと長いんですけど、学生の頃からスケボーをやってて、ホームで滑ってたパークに藤原ヒロシさんが滑りに来てたんですよ。それで友達になって「遊びに来なよ」って誘われて、ヒロシさんがプロデューサーとして音楽を作ってた〈MAJOR FORCE〉にお邪魔するようになるんです。

橘＿もちろん知ってます。日本初とも言われてるヒップホップ専門レーベルですよね。

堀＿そうそう。そのレーベルを持ってたファイルレコードでお手伝いを始めるんです。イベント会場でレコードを売ったりとか。〈MAJOR FORCE〉にはヒロシさんの他に高木完さん、工藤昌之さん、屋敷豪太さん、今は他界された中西俊夫さんがプロデューサーとして在籍していて、そのA&Rを担当されていたのが滝沢伸介さん。レーベルの取りまとめもデザインも、彼が全部一人でやっていたんです。〈NEIGHBORHOOD〉を始められる以前のことです。ちなみに今日僕が着てるのは初期の滝沢さんが作ったTシャツのリイッシューです。

橘＿うわ〜、いいな。

堀＿スチャダラパーも最初は〈FILE RECORDS〉からアルバムを出してたんですけど、メジャー版を〈Epic/Sony Records〉(現エピックレコードジャパン。以下〈Epicソニー〉)から出すことになって、僕も便乗してそっちでアルバイトするようになって。当時は新譜のマスターが上がったらすぐにカセットテープにダビングしてデモテープを作る業務があって、ある時、そのデモテープ用にジャケットを作ってみようと思い付いたんです。タイトルや曲順をただ並べるだけでは面白くないから、本番用の素材をコラージュしたり、自分なりにレイアウトして。父親がデザインの仕事をやっていて、以前それを手伝ってたおかげでなんとなく知識があったんですよ。それが社内で目に留まって、「CDジャケットをやってみろ」って。それがデザインの仕事の始まりですね。

橘＿大きな会社にいながらDIYをしてたんですね。

メジャーシーンで跳ねた、
ストリートの文脈。

堀＿そういえば橘髙さんはアイドルが好きですよね。乙女塾は知ってる？

橘＿もちろん知ってますよ！　CoCoもribbonも好きで、『パラダイスGoGo!!』も観てました。

堀＿この子たちも〈Epicソニー〉からCDを出してて。僕が会社にいたら乙女塾のアイドルの子と一

緒に写真を撮られて、僕の顔が切り抜かれた顔ハメの宣伝用パネルが出来上がってた（笑）。

橘＿（笑）。当時はおニャン子クラブの人気も落ち着いて、アイドル氷河期と言われた時代ですよね。

堀＿そうだね。Qlair っていうグループもいて。

橘＿わかりますよ、好きな曲もあります。

堀＿え〜！　やばいね、橘髙さんのそのアーカイブ力。僕がデモテープを作ってる時に、Qlairの事務所の社長さんから「この子たちの物販のデザインやってくれ」って言われて作りましたよ。

橘＿へえ〜、アイドルの物販デザインもやられてたんですね。知らなかったです。

堀＿いちばんお世話になってたのは東京パフォーマンスドールのYURIちゃん（市井由理）。これ懐かしくない？　EAST END×YURIの『DENIM-ED SOUL』。

橘＿うわ、このジャケット覚えてます。

堀＿これはインディーズの流通版で、クレジットを見ると「アートディレクション＆デザイン、滝沢伸介」。その後〈Epicソニー〉から出たフルアルバムの『DENIM-ED SOUL2』のデザインは僕がバトンをもらいました。スタイリングがNIGO®で、滝沢さんも撮影に来てくれて楽しい現場でした。自分がデザインしたジャケットで唯一ミリオンになった思い出深い一枚ですね。

橘＿裏側を知ると面白いですね。作り手側がストリートの流れで制作したものが、メジャーでも跳ねる、みたいな感覚だったんですね。

堀＿そうそう。今改めてクレジットを見ると、裏方に結構なメンツがいて面白いんですよ。ほら、Mummy-Dもいる。

橘＿インディーズ盤とメジャー盤でスタイリングも雰囲気も違う。

堀＿YURIちゃんはアイドルでありながら好きなこともやりたいって頑張ってた人なんだよね。で、その系譜のパイオニアといえば、やっぱりこの人。

橘＿小泉今日子さん！

堀＿これも持ってきました。1990年にリリースされたアルバム『No.17』。

橘＿うわ、ブックレットの写真がどれもラフですね。プリントのノリがあまり良くない紙を使うのもすごい。

堀＿アイドルだと普通許されないよね（笑）。あと、これは分かる？　ヒロシさんのアルバム『NOTHING MUCH BETTER TO DO』。

橘＿もちろん持ってます。ジャケットに黒いテープがたくさん貼ってあるデザインが印象的でした。

堀＿じゃあ、御茶ノ水の『TRINE GALLERY』の展示（2024年7月に行われた7STARS DESIGNの初期の仕事を網羅したトリビュート展）で、答え合わせはできたってことですね。

橘＿はい。元々のデザインを会場で拝見しました。

堀＿制作した時、レコード会社からサンプリングしたネタや友達の写真は全部消してほしいって言われて、黒いテープで隠したんですよ。「メジャーで出すってこういうことか」って思いながら。

橘＿でも隠してるのもいいですよね。

堀＿ヒロシさんが「下手に作り直すより、全部隠したほうがいい」って。パンクスの発想でした。

橘＿ブックレットを広げた時に1枚の写真になるのも面白かったです。

堀＿それはね、フォトグラファーの小暮徹さんに相談したら、すんごいパノラマで撮れるフィルムのカメラを用意してくれて、青木ヶ原樹海で撮ったんです。元ネタはサイモン＆ガーファンクルの有名なジャケなんですが、ある意味それを越えた新しいデザインになったのかなと。

橘＿すごく良いですね。なんといってもブックレットに文字を載せなかったっていうのが。

堀＿そうでしょ！　それをやると空間の広がりがなくなってしまう。いや、細かいところ見てくださって嬉しいな。ありがとうございます。

『AIR JAM』も『warp』も、 7STARS DESIGNワークスだった。

橘＿私も色々持ってきました。これ懐かしくないですか？　『AIR JAM』（1997年にHi-STANDARD主催で行われたロックフェス）のステッカー。

堀＿『AIR JAM』！　行ってたの？

橘＿1回目の1997年から行ってて。出演バンドのロゴのステッカーもまだあります。

堀＿うわ、懐かしいなあ。これはヤバかった。ハイスタ(Hi-STANDARD)はもちろんだけど、喜納昌吉やスカフレイムスもいるのがヤバい！ BRAHMANとBACK DROP BOMBのロゴは7STARS DESIGNの仕事ですね！ ハイスタのスクリプトはたぶんDISKAH

01

02

03

01. 橘高が『AIR JAM』の会場で手に入れたステッカーの数々。02.堀内さんが手掛けたアイテムの数々。(左上から時計周りに)即日完売した〈WHIZLIMITED〉×〈M&M CUSTOM PERFORMANCE〉のコラボレーションスウェット。旗艦店のオープン 20周年を記念し76枚限定で発売された。エディソン・チャンが手掛ける〈CLOT〉と〈NEIGHBORHOOD〉のスーベニアジャケット。JUN WATANABEが手掛けるラジコンをテーマにしたブランド、〈BLOCKHEAD MOTORS〉(以下BHM)のスウェット。2010年にサンフランシスコのスケートショップ『FTC』の25周年を記念して製作された〈HECTIC〉×〈FTC〉×〈7STARS DESIGN〉のトリプルコラボレーションデッキ。〈BHM〉のために描いたアートワーク。江川芳文のデッキはボードプレス技術のルーツといわれるギブスがデザインソース。床のデッキとスニーカーは、2020年7月にオープンしたMIYASHITA PARK内の『INSTANT SHIBUYA』のオープンと記念してリリースされたもの。〈NIKE SB〉の Dunk lowが渋谷のストリートにまつわるコミュニケーションでカスタムされている。03.『Instant skateshop』の創業25周年を機にリリースされたDVD『25th Anniversary Movie "INSTANTS 25TH"』。アートワークを手掛けている。04. 江川芳文のデッキには小さく「T19-001」と書いてある。

04

01

02

03

01.Sick Of It Allの『Dragon Power』を作る際、中央の龍や背景の雲などをデザインするために参考にした資料。河鍋暁斎は天保2年(1831年)生まれの浮世絵師。歌川国芳や前村洞和に学び、幕末から明治にかけて活躍。戯画や風刺画で名を馳せた。02.憧れの松本零士とは『7STARS DESIGN』の中で対談。愛読する『鉄の墓標』も読み込んでボロボロ。03.漫画やアニメの影響は大きく、近年制作したアート作品にも『タイムボカン』シリーズに登場する"オダテブタ"らしきキャラクターが小さく描かれている。04.皇帝の五爪龍の亡霊の迫力のあるイラストが目を引く〈NEIGHBORHOOD〉のジャケット。細かい部分まで刺繍で表現されている。

04

の仕事ですね。そうか、行ってたんだね、幕張に。どのバンドが一番好きだったの？

橘＿ハスキン（HUSKING BEE）も好きでしたし、BACK DROP BOMBも好きでした。

堀＿今思えば、この時までスタジアムでフェスをやるって発想はなかったですよね。『サマソニ』（サマーソニック）もなかった時代だし。

橘＿しかも、メジャーで活動してるけど、世の中的にはテレビの音楽番組に出ているようなバンドは少ないじゃないですか。それが集まってスタジアムを埋めるって、すごいことでしたよね。

堀＿うん。エネルギーがすごかった。

橘＿その時はアートワークを7STARS DESIGNが手掛けられていたことを知らなかったので、気づいた時はこれもそうだったんだ！　って驚きました。

堀＿『AIR JAM』への流れを作ってくれたのはヒカルくん（〈BOUNTY HUNTER〉デザイナー）ですよ。原宿の〈BOUNTY HUNTER〉の上にうちの7STARS DESIGNの事務所があって、よくハイスタのケニー（横山健）がバイクに乗って遊びに来てたの。ステッカーだらけの原チャリで（笑）。

橘＿いいですねえ。この頃よく読んでたのが、堀内さんがアートディレクションを担当されていた『warp MAGAZINE JAPAN』（以下『warp』）。創刊号のビジュアルも大好きです。

堀＿ビースティー（Beastie Boys）のね！　大野さん（当時の『warp』編集長）もヒカルくんと仲が良くて、よく原宿の事務所に来てたんですよ。当時はオルタナティブでしかなかったスケートやパンク、ヒップホップのカルチャーをオーバーグラウンドに出せるメディアを作るっていうので。

橘＿日本ではなかったですもんね。こういうあらゆるカルチャーに精通した雑誌は。

堀＿橘髙さんの今に繋がるクリエイティブのルーツが、こういう雑誌に結構あるんだね。

橘＿めちゃくちゃありますよ。ちなみに、これも持ってました。7STARS DESIGNと〈ELECTRIC COTTAGE〉のデータバンク。箱もカッコ良くて。

堀＿懐かしい！　これ、僕もまだ家にあって、電池入れ替えてみたらまたちゃんと動き出したんだよ。

橘＿すごいですね！

堀＿カシオの品質ってすごいなって思いましたね。20年以上経ってるのに。

漫画家の手仕事の中に、
日本の芸術を見る。

橘＿堀内さんのデザインはアメリカンテイストだけど、日本っぽさも感じるんです。創作のヒントというか、参考にされてるものはあるんですか？

堀＿日本画や漫画に惹かれるところはあるかも。Sick Of It All（ニューヨーク出身のハードコア・パンクバンド）の『Dragon Power』のジャケットに使ったこのイラストも、なんとなく和を入れたくて、河鍋暁斎の『暁斎百鬼画談』をサンプリングしたんです。暁斎のこの絵、手塚治虫の漫画にも繋がるんですよ。『火の鳥』の異形編は『百鬼夜行』を描いたんじゃないかって言われていて。

橘＿へえ、そうなんですね。

堀＿手塚治虫は画力はもちろんですが、物語に込めたメッセージは神域ですよね。尊敬しますね。

橘＿漫画家だと他に誰がお好きなんですか？

堀＿やっぱり松本零士さんですね。『宇宙戦艦ヤマト』や『銀河鉄道999』などファンタジックな作品が有名だけど、それらを執筆する以前の戦争を題材にした読み切りの『戦場まんがシリーズ』が面白い。松本作品の真骨頂であるメカの描き込みや再現度がすごいんです。『鉄の墓標』に収録されている「鉄の竜騎兵」は、フィリピンの戦場で戦うオートバイ兵のストーリー。当時の日本の陸軍のオートバイは、ハーレーのサイドバルブをもとにライセンス生産されたもので、それが緻密に描かれてる。松本零士の描いたハーレーだよ？　たまらないんですよ。

橘＿改めて見ると圧巻ですね。そういえば堀内さん、松本さんと対談もされてますよね。

堀＿そうそう。7STARS DESIGNを立ち上げて10年の節目の2005年に出版したムック本『7STARS DESIGN』で対談させて頂いて。松本先生の部屋の壁紙が宇宙柄だったのを覚えてる（笑）。

橘＿お会い出来たなんて羨ましいですよ。

堀＿そうそう、あと谷口ジローさんも結構好きですよ。作品なら『「坊ちゃん」の時代』。明治時代の文学者がたくさん登場する話で、原作は関川夏央です。幸徳秋水は知ってますか？

橘＿大逆事件で処刑された人物ですよね。確か、政府による共産主義への弾圧があったとか。

堀＿まさにそうです。橘髙さんのナレッジ、流石

です。全部で5部あって、4部で幸徳秋水の話が出てきます。夏目漱石をストーリーテラーに、同じ時代を生きた森鷗外や石川啄木などが生々しい人間として登場。教科書では教わらない史実が綴られる。谷口ジローの絵だからこそ内容がすんなり入ってくるんだろうなって思いますね。橘髙さんが好きな漫画家は?

橘＿私は鳥山明先生ですね。だから、今も画力の高い漫画に惹かれてしまうんですよ。あれだけの画力の漫画が原体験なので。こうなったのは鳥山先生のせいだと思ってます。

堀＿自動車とかものすごく丁寧に描くよね。

橘＿『Dr.スランプ』にもメカが出てくるじゃないですか。表紙の扉絵もメカの描き込みがすごくて、あれ見ると本当に感動するんですよね。

堀＿そういえば、さっき話したSick of It Allのルーもめちゃくちゃ『ドラゴンボール』が好きだった。その頃も日本の作品は世界で人気だったと思うけど、今ほどじゃないから、鳥山明がここまで知られてるんだ！って衝撃だった。ハードコアバンドのメンバーに届いてるなんて。

橘＿わかる人にはわかるんですね。

堀＿僕は漫画でも日本画でも、そういういいお手本を見て育った気がしますね。

橘＿昔は漫画とかアニメって子どもの娯楽、みたいに思われがちでしたけど、芸術性を感じますよね。ところで堀内さんは、作品を作る時のサンプリングソースはすぐ頭に浮かぶものなんですか?

堀＿うーん、昔はネットもないし、資料が簡単に手に入らないから本屋に行って見てました。風刺画の歴史が書かれた本とかね。そもそも風刺画も漫画のいちジャンルですよね。社会現象や政治批判をシニカルかつ漫画的な手法で表現するっていう。

橘＿パッと見てわかりやすいですもんね。

堀＿そう思います。日本の漫画のルーツと言われる『鳥獣戯画』も、後世に登場した浮世絵も、昔から世界で評価されている。デフォルメしたイラストでコミカルに物事を伝えるというのは、我々のDNAに根付くカルチャーだと思ってます。

橘＿わかります。今は作品のクオリティが上がってるから、若い世代はどんどん絵が上手くなっていくでしょうね。羨ましいですよ。

堀＿でも松本先生が『宇宙戦艦ヤマト』を描き始めた

のって、30代後半くらいなんですって。僕も対談した時は30代後半だったから、「こっからだぞ」って思ったのを覚えてる。橘髙さんも、きっとここからですよ。

過去の知見を現代に伝える、デザイナーの役割。

堀＿先ほども話したムック本『7STARS DESIGN』の編集長は神田駿河台にある『TRINE GALLERY』の大池明日香さん。その中の「77メッセージ」っていう企画で77人に話を聞いたのは、大池さんの提案だったんです。いろんな人から意見を聞かなきゃダメよって。

橘＿オオスミタケシ、藤井フミヤ、STASH、KAWS……。錚々たるメンバーですね。

堀＿面白いよね。橘髙さんのこの本にもYOKO FUCHIGAMIとかアイドルの子たちが出るんでしょう？なんか近いものを感じたんだよね。自分一人だけじゃなくて、周りの人たちと一緒にもの作りをやってきたるっていうか。

橘＿そのへんも影響を受けてるんだと思います。あと、堀内さんが作るものって『NOWHERE 2YEARS』の頃から今に繋がってると思うんですよ。10月末に開催されていた『#weeeels』（代官山蔦屋など4カ所の会場を使って開催されたグループ展示）もすごく良かったです。描きこみがすごくて。

堀＿ありがとうございます。そう、これも最近の仕事。『SNEEZE MAGAZINE』（カナダ発のタブロイド型カルチャーマガジン）に掲載された、〈GIMME FIVE〉のデザイン。

橘＿いいなあ。変わらず現役ですね。堀内さんの昔と今、両方の話が聞けて嬉しかったです。

堀＿僕も楽しかった！マニアックに熱中したものを次世代に語り継ぐって大事ですからね。

橘＿そうですよね。伝えていかないといけないと思ってます。

堀内俊哉

ほりうち・としや｜デザイナーである父の影響を受け、手仕事によるグラフィックデザインを学ぶ。エピックソニーレコード入社後、フリーランスのグラフィックデザイナーとして独立。DTPを学びデジタル表現と筆使いのアナログ感を織り交ぜた手法を確立。ファッションブランドとのコラボレーションや、様々なプロジェクトを手掛ける。

01.橘高の私物のスクラップブック。主に90年代に読んでいた雑誌の切り抜きや、レコードショップなどで手に入れたチラシがファイリングされている。堀内さんがデザインしたというカシオのデータバンクの広告や「LAST ORGY 3」など、充実のアーカイブ。02.カナダ発のタブロイド型カルチャーマガジン『SNEEZE MAGAZINE』に掲載されている〈GIMME FIVE〉のビジュアルページ。現在も精力的に国内外のブランドのグラフィックデザインを手掛けている。

ビームスのデザインとは何か

ビームスで買い物をすれば、必ず手にするオレンジ色のショッパー。ショップの華やかなディスプレイに、オンラインコンテンツにSNS ……と、ビームスが世界に発信するイメージの陰には、"社内のデザイン課"の存在があった。橘高つむぎもかつて在籍した知られざる精鋭部隊の姿に迫るべく、現役デザイン課の竹中智博さん、山本綾子さん、竹村潤さんと緊急座談会! 司会はプレス時代からビームスクリエイティブに在籍し、今もデザイン課とやり取りの多い松下圭さん。

左から橘高つむぎ、竹村潤、山本綾子、竹中智博、松下圭

巷に溢れるビームスイメージの背後に、デザイン課あり。

松下＿今日はビームスのデザイン課(旧制作部)が普段どんな仕事をしているか皆さんに話してもらおうと思って。橋髙さんもデザイン課出身ですし、和気あいあいと。

橋髙＿実際、業務はめちゃくちゃ幅広いですよね。

山本＿そうですね。普通のデザイン会社だと、カタログとかウェブとかディスプレイとか、それぞれデザインの委託先が分かれてると思うんですよ。ビームスは全部をデザイン課が担ってる。こんなに幅広い仕事を手がけてるデザイナーってなかなかいないと思います。

橋髙＿同じ会社にクライアントがいるわけですよね。ある程度お互いをわかった上で話し始めるから速さはありますね。スピード感のある仕事ができる。

松下＿具体的にどんな業務があるんですか？

山本＿全部。

松下＿全部！(笑)。でも確かに、世の中にアウトプットしているビームスのイメージ付けに関わるものは、必ずデザイン課の人が携わってますよね。わかりやすいことるっていうと商品を買った時のショッパー。

竹村＿そうですね。例えばポリデーシーズンズが始まるとショッパーも新しく作りますし、店舗の内装も、キャンペーンに関わるものの全てをデザインします。

山本＿販促チームやマーケティング部隊とプレスとをして、ギフトが軸なのか自分需要なのか、みたいな話をして、デザインの方向性を考えたりしますね。

松下＿店舗の立ち上げにも関わるんですよね。

山本＿はい。設計部が作った店舗の図面をもとに、ウィンドウディスプレイや店内の環境を考えます。

橋髙＿最近はカタログやDMは少なくなりましたよね。

01

山本＿昔はシーズンやイベントごとに作ってたけどね。最近はWebに移行してタブロイド や冊子や飛ぶくらい。

竹中＿私は入社して最初に担当したのがギフトカードのデザインでした。

松下＿へえ。デザイン課の登竜門的な？

山本＿そうなのかも。シーズンごとにデザインを変えてたんだけど、大体一人のデザイナーが担当していて。入学式川父の日みたいなテーマをもらって、それに沿ってデザインしていくんです。

竹村＿コロナを機に、シーズンのバージョンはなくなっちゃったんですけど。でも今見てもいいですよね。

松下＿あと社内コンペもありますよね。

山本＿結構ありますね。「やりたい人〜！」みたいな挙手制の時もあり、社長から連絡が来て全員で考える時も。

竹村＿私は「FUJI ROCK FESTIVAL '19」のショッパーを作れたのが感激でした。ギターをプリントしてあるので、荷物を入れたらギターを抱えてるみたいになる。

橘高＿〈BEAMS JAPAN〉のロゴもコンペでした。

竹中＿僕が作りました。

橘高＿他の企業だと外注したりしますよね。それを社内で作るって、すごく大きいことだと思いますよ。

ビームスらしいデザイン その裏側にあるもの

松下＿これまではビームス内の施策に対するデザインが多かったと思うんですけど、最近はBtoBの案件も増えて、外部の方との仕事はどんなこと考えてデザインするんですか？

竹村＿うちは全方位型なので、そこは負けないぞってっいう自信はあると思うんです。インハウスならではの経験を

02

03

01. 山本さんがデザインした。2017年の本社移転の内覧会DM。ビームスのコーポレートカラーであるオレンジを使い、インビテーションを広げると新社屋が飛び出す仕様。「かなり試行錯誤して、紙にもこだわって作りました」(山本) 02. 2018年の年賀状は竹中さんの閃きを活かしたもの。「玄関でもしかして」と思いつつこのロゴを制作して、イラストレーターのJUN OSONさんにこのロゴを組み合わせたイラストを描いてもらいました。ロゴはその後も使ってもらえて嬉しいです」(橘高) 03. 2022年のグラフィックは橘高がデザインを担当した。初回本春の資正の文字と僕が結ぶ音楽フェス「BE FES!!」。

値がそこの自信に繋がるというか。

竹中_その中でも、ビームスらしさは必ずキープしたま
まつくらないといけない。そこには目に見えないルールが
あるような気がしますね。

松下_"ビームスらしさ"って何なんでしょう。

山本_私は、自分がお客さんだった時にビームスに行く
と、カタログの表紙も素敵だったり良かったり、ノベルティも
フライヤーも素敵だった思い出があって。それってきっ
と、誰かが「これやりたい！」って言ったんじゃないかと
思うんです。普通ならマーケティングして作るのに、
誰かの一人称視点の意見が通っちゃったんだと思う。
だって絶対やりたかったんだろうなあってわかるから。
それがビームスらしいのかな。

松下_それ、めっちゃわかる！ 匂ってくるんですよね。

竹中_ビームスらしさって、作ってると感じめられる楽し
かったんだろうなあって感じられるものじゃないかと思
うんです。パッと見てこれはいいなと思う、説明
つかないけどハッピーなんだよなあって感じるものがあって。
ビームスらしさだったりいいものになるのかなあって。

竹村_デザイナー自身が楽しむってすごく大事なことだ
と思います。その案件自体が得意分野じゃなくても、関
わる人と盛り上がってちゃえばめちゃくちゃ愛せるし。

橋高_それはあるね。あと一般に「デザイン的はこうである
べき」みたいなものはあるんですよ。デザイン的に見た
ら、こっちが美しい、というセオリーはある。だけど、ビー
ムスにいるとなんかそれだけじゃない面白さをデザイン
をすることが結構多くて。個人的にはどうだろうって思
うことも、やってみたらよかったとか、ディレクターと
かいろんな視点が入ったときに面白くなることがある。
セオリー的にはナシかも？ っていうところを面白くしたら
え、どう調整するか、それが私たちの仕事

01. 山本さんが作ったギフトカード。こちらは全て
一つのデザインのためのプロトタイプ／刺繍の感
じを出したくて、フォトショップでイラストレー
ターで加工を頑張りました！(山本)02. ビームスの
オリジナルキャラクター「ブッチー」のグッズは竹
村さんデザインのぬいぐるみとガチャガチャして
ミューズメント用です。見つけたらゲットして
ほしいです(竹村) 03. ドラァグクイーン・イベント
「OPULENCE Volume 5」用に竹村さんが制作した！
ベルティ。パッケージを開けるまま形がわからず、
すぐにその場で使える機会が少しかけ。04. 美術館でビーム
スが展示される機会があり、そのために山本さん
が制作したドデカショッパー。「発泡スチロールで
30キロもあります(笑)。シワをエ夫しました」(山本)

ビームスにいることでめっちゃ培われてる部分なんだと思うんです。私はそれが面白いと思って、デザインだけじゃなく、いろんなものを作り出す方面にも興味が出たのかなって。

松下＿そっか、繋がってるんですね。ターゲットとなる人？ れど今の時代やトレンド？

竹村＿私は前者です。

山本＿僕も後者かな？

橋高＿案件によって違うかも？

松下＿みんなバラバラだ（笑）。

竹村＿私はこの季節のこの時代感的に、こういうショッパーを持ってる人が多いと街が華やかなって思ってデザインします。

竹中＿僕は自分が好きなものを提案して、お客さんをちょっと引っ張ってあげられたらいいなと思っていて。すごい遠いものじゃなくて半歩先ぐらいの距離からにこれど？」って、寄り添い過ぎないくらいの。

山本＿できないんだよな私。それは店舗出身っていうのもあるけど、お店のこといろんなレーベルあるもんな、とかめっちゃ考えちゃう。全社案件だと特に。

橋高＿このバラバラ感もまた、うちのいいところな気がしますけどね。いろんなデザイナーがいるっていう。

松下＿プロダクトファーストの会社であることはビームスらしくて好きですけど、デザインを通じて伝えることにも力を注いでますからね。

山本＿この本この通わると嬉しいですね。

03

04

山本綾子
やまもと・あやこ｜2007年入社。埼玉県生まれ、新卒で渋谷店「ビームス タイム」に配属、〈Ray BEAMS〉を担当。2009年に制作部（現在デザイン課）へ異動、主な担当はビームスのメンズカジュアルレーベルや〈BEAMS BOY〉など、ビームスのオレンジショッパーなど長年にわたり資材を制作。

竹中智博
たけなか・ともひろ｜2013年入社。神奈川県出身。広告業や小売のグラフィックデザイナー、アートディレクターを経て、中途入社でビームスへ。現在デザイン課に勤務。社内では〈fennica〉、〈BEAMS PLUS〉〈BEAMS SPORTS〉などのデザインを手掛ける。

竹村潤
たけむら・じゅん｜2018年入社。兵庫県生まれ。エディトリアルデザイナーを経てビームスへ。デザイン課では〈fennica〉、〈B:MING by BEAMS〉に加えて、BtoB案件や全社施策を持ち回り担当している。下の写真で抱えているのがカタログ'19のショッパー。

松下圭
まつした・けい｜2008年入社。東京都生まれ。大学卒業後にビームスに入社、店舗勤務を経てプレスに。現在はビームスクリエイティブのビジネスプロデュース部でBtoB案件を手掛けるなど、橋高とはプレス時代から長年を共にし、今は同じ部署で働くチームメイト。

そう、2000年前後の自分の中の大きな変化でいうと、高校生の頃にバンドが気になり始めるんですよ。ハイ・スタンダードとか。

——ああ、90年代後半のメロコアブームだ。

そう、それで『AIR JAM』に行くんです。ハイスタが主催してた音楽フェス。音楽もバンドが作るビジュアルも好きだった。

MY PERSONAL CULTURAL HISTORY

| 1980s | 1990s | 2000s | 2010s | 2020s |

左上：『A FORLORN HOPE』／ 1998年の1stフルアルバム『A MAN OF THE WORLD』からおよそ2年半後の2001年に、満を持してリリースされたBRAHMANの2ndフルアルバム。ハードコアパンクと民族音楽を融合させた独特のスタイルをさらに強化した名盤。右上：『FOUR COLOR PROBLEM』／ 2000年にリリースされた、HUSKING BEEの3rdフルアルバム。新メンバーの平林一哉が加入して4人編成になったことで表現力が増した。下：『Love Is A Battlefield』／ Hi-STANDARD が2000年にリリースしたシングル。まっすぐに愛を歌う「This Is Love」、わずか1分の「Catch A Wave」をはじめ、「My First Kiss」(『キテレツ大百科』ED曲「はじめてのチュウ」のカバー)「Can't Help Falling In Love」(エルヴィス・プレスリーのカバー)の2曲のカバー曲を収録。

89

——どのへん聴いてたの？

ブラフマンとかハスキングビーとか……『AIR JAM』出てたバンドは大体好きだった。

——その頃から現場に行ってるのがすごいね。私はレンタルでハイスタを借りたくらいだけど、確かTSUTAYAの一角に『AIR JAM』コーナーが出来てた気がするな。それくらい一気にブームになってた気がする。TSUTAYAにコーナーが出来たら流行ってるってことだから。でも、それもマスのブームではないじゃないですか。2000年前後といったら、TKとかミスチルみたいな頃でしょう。それも自分の中で興味を持てた一因じゃないかと思う。

——わりと琴線に触れるところが共通してるね。マス過ぎない一部の熱狂が好きなんだ。

1980s
2020s

『AIR JAM '98』のステッカー／ 1998年に豊洲の東京ベイサイドスクエアで行われたロックフェス『AIR JAM '98』で販売されたステッカー。『AIR JAM』は1997年にHi-STANDARDを中心に企画され、ステージ上にランプを設置しスケートボードやBMXなどのストリートカルチャーも融合。最も直近の開催は『AIR JAM 2018』。右ページのステッカーは橘髙が当時収集したもの。

そうなんだと思う。そうあと、その辺りからメロコアバンド界隈がファッションブランド
を始めるんですよ。GMFの遠藤（憲昭）さんが始めた〈DEVILOCK〉とか、サムの岡田（洋
介）さんの〈ALMIGHTY〉とか、『REVOLVER』に置いてあったブラフマンのTOSHI-LOW
さんの〈suiseeda〉とか。
——ARATAとKIRIの『REVOLVER』！　懐かしすぎて敬称を略しちゃう。
それを買いにいろんな店に行ってた。
——　90年代にアメカジが猛威をふるって、2000年代は少し綺麗めになった印象がある。
90年代は古着のホンモノのスタジャンを探してたのが、2000年代はそのスタジャンから

91

01

02

インスパイアされた新作が欲しい、みたいな。そんな感じだったかもね。私は恵比寿にあった『HEIGHT』と『MACKDADDY』によく行ってた。あと中目黒にあった『balance weardesign』（現Bal）にも。

——原宿から、恵比寿、代官山、中目黒方面にショッピングの場所が移った時期だ。並木橋の『SILAS』とか『FOOT SOLDIER』とか。『SILAS』のことは『relax』で知ったなあ。ジェームスジャービスの表紙の号で。

『relax』も読んでた。毎回特集が独特だったよね。「デニーズ」とか「北欧」とか。

—— 2000年代初頭の雑誌カルチャーって感じがするね。90年代のごちゃごちゃした情報過多なレイアウトと違って、スッキリしていて読みやすいし。テレビ番組は何見てた？

『パパパパパフィー』とか。どの企画も良かったし、バラエティとして面白かった。

——大泉洋さんがジャージで出てたね。パフィーのお笑い能力も高かったんだよ。

MY PERSONAL CULTURAL HISTORY

| 1980s | 1990s | 2000s | 2010s | 2020s |

03

そのあと『Matthew's Best Hit TV』が始まるんだよね。藤井隆さんの真骨頂。

——ゲストにあだ名付けるの好きだった！松たか子さんを「お松」、伴都美子さんを「トンコバンバン」、上戸彩を「ウエッティ」。その頃はきっちゃんは大学生？

そう。文化女子大学（現・文化学園大学）に行ってた。一応服飾なんだけど、家政学部でデザインはほとんどやってない。

——専門に行こうとはしなかったの？

服に関わる仕事がしたいっていうのはボンヤリあったけど、服を作ろうとは思ってなくて。大学卒業後の進路も何も考えてなかった。

——そうなんだ。卒業したあとは？

友達の彼氏がスタイリストをやってて、「何もやってないんだったら手伝ってよ」って声をかけてもらってアシスタントをしてた。

——へえ。厳しいっていうよね。

とても優しい方で。リースも自分の車を自分で運転してたし。数ヶ月やった頃にビーム

01:『relax』「デザイン／恐竜特集」2002年11月号（マガジンハウス）／「いいデザインって？」をテーマに茶道から道端の三角コーンまでを紹介。恐竜の特集も。02:『relax』「藤子・F・不二雄特集」2002年8月号（マガジンハウス）／ジャイアンのリサイタルの告知ポスター付き。背表紙の一言は「すべての日本人は野比のび太である。なんてたわごと言いたくなる夏。」。03:『パパパパPUFFY』『パパパパPUFFY 2』（角川書店）／1997〜2002年までテレビ朝日で放送されたPUFFYがMCのバラエティ番組『パパパパPUFFY』のファンブック。ゲスト出演した篠原ともえ、華原朋美、菅野美穂、トータス松本らのトークを収録している。『3』も発売された。04: RELAX BOYフィギュア／2003年にソニーの次世代ガシャポン「タイムカプセル」からリリースされたRELAX BOYのフィギュア。公式HPにあったリラックスタウンの住人を立体化したもの。2005年にyujinから第2弾が発売された。

MY PERSONAL CULTURAL HISTORY

| 1980s | 1990s | 2000s | 2010s | 2020s |

04

93

MY PERSONAL CULTURAL HISTORY

1980s 1990s 2010s 2020s

01: i☆Ris ジャンボうちわ／アイドルグループi☆Ris の2014年の夏グッズとして販売されたもの。「i☆Ris」の文字と各メンバーの名前を散りばめたデザインになっており、反対面にはメンバーの写真入り。02:『おねがい！マスカット アハハ編』DVD ／ 2008～2009年にテレビ東京系で放送された"おねマス"こと『おねがい！マスカット』のDVD。総合演出をマッコイ斉藤が手掛け、現役セクシー女優が多数出演。03:『化物語 PRODUCTION NOTE characters』／アニメ『化物語』のキャラクター設定、ウエダハジメエンディング素材、針玉ヒロキ予告素材を収録した、制作会社シャフト発行のオリジナル設定資料集。2012年夏の「コミックマーケット」や「京都国際マンガ・アニメフェア」で頒布された赤バージョン。

94

スのロジスティクス部がバイト募集してるのを見て応募したら受かったんだ。

──ロジスティクス部ってどういう部署？

東陽町にあったビームスで扱う商品を倉庫に集めて振り分けていく物流を担う部署。職場はいい人たちばかりで楽しかったよ。そこで3年くらい働いた時に、原宿オフィスでアウトレット店舗を統括する内勤部署の社員公募があったから、異動願いを出したら通って。まだ今のビルに本社が移転する前で、『ビームスT原宿』が入ってるビルの上に通ってた。

──そっか、内勤のバイトもあるんだね。でもまだデザインの仕事じゃないね。

うん。でもアウトレットのオリジナル商品のデザインをちょっとやらせてもらってたんだよ。それもあって、やっぱりデザインやりたいなと思って転職を考え始めるんです。それで週末にデジハリ(デジタルハリウッド専門学校)に通い始めて。

02　　　　　　　　　　03

──なんでデジタルなの？

もう20代後半で、自分の年齢でグラフィックデザイナーとして転職するのは難しいだろうと。紙ものは狭き門で、みんな需要のあるウェブデザイナーを目指してたんですよ。

──なるほど。やりたかったのはやっぱり服のデザインだったの？

ううん、服に限らずデザインができればいいやと思ってた。アウトレットの部署で服作りのアシスタントをした時も、自分の琴線に触れるもの、面白いと思うものに自信があったんです。でもそれを言語化できなかったから、まず伝えられるようになろうと。その

1980s　　　　　　　　　　　　　　　　　　　　　　2020s

『恋のサンクチュアリ！』通常版、初回限定盤A ／現在ソロシンガー、ラッパーとして活動する吉田凜音が2014年にリリースしたデ
ビューシングル。プロデュースはノーナ・リーヴスの西寺郷太。当時吉田は札幌在住の中学生でライブの度に東京まで通っていた。

うえで、ウェブでもいいから憧れてたグラフィックの仕事ができたらなって。本当はモノ
が作りたかったけど。
　──改めて自分の仕事を考え始めたんだね。その頃もまだバンドが好きだったの？
いや、その頃からアイドル熱が再燃してくるんです。『週刊プレイボーイ』でライターをやっ
てた友達にももクロの話を聞いたり、スフィアを観に行ったり。アニメも、改めて『涼宮
ハルヒの憂鬱』『らきすた』『化物語』を観始めて。あとビームスの他に『Cher』でもバイト
してたんだけど、仲良くなった子が恵比寿マスカッツが面白いって教えてくれた。

96

Setinn™

NIKE
Air Tech Challenge ‖ QS

アニメが生まれるところ。

〜東映アニメーションミュージアム探訪記〜

日本の今に繋がるアニメの歴史は、東映アニメーションから始まった。
1958年公開の日本初のフルカラー長編アニメ映画『白蛇伝』がその第一歩であり、
それ以来『タイガーマスク』『銀河鉄道999』『美少女戦士セーラームーン』
『ドラゴンボール』などの人気アニメを世に送り出してきた。
練馬にある大泉スタジオは、クリエイターたちが集う製作の第一線であると共に、
地域に開かれたミュージアムも併設している。
アニメの歴史が詰まった場所を、橘高つむぎが訪ねた。

©ABC・A・東映アニメーション

橘高つむぎにとって物心ついた頃からアニメは身近な存在だった。"子供が観るもの"から"大人も楽しむもの"、そして"誰もが楽しむもの"へと変化した過程を知る世代であり、仕事とプライベートの両面でアニメと触れ合ってきた橘高には、魅惑のエンタメが生まれる場所に足を運んでみたいという思いがあった。実際に製作現場を訪れることは難しいが、その匂いを感じられる場所ならある。練馬区の大泉学園にある東映アニメーションミュージアムだ。『ONE PIECE』、『ドラゴンボール』『スラムダンク』『プリキュア』シリーズなどの人気作品を生み出すスタジオの1階にあり、社史や設定資料を閲覧できる。橘高は大泉学園駅からミュージアムを目指した。

東映アニメーションミュージアム

大泉スタジオの建て替えに伴い、2018年7月28日にオープンしたアニメの博物館。東映アニメーションが製作したテレビアニメ、アニメ映画に関する資料を展示している。エントランスにはショップも。

photo: Naoto Date, text: Neo Iida,
cooperation: TOEI ANIMATION CO., LTD.

住所：東京都練馬区東大泉2-10-5 予約：なし
営業時間：11:00〜16:00 水曜定休 入館無料

Where animation is born.

黎明期を知る、木製のデスク。

エントランスを抜け、噴水に鎮座する東映アニメーションのシンボル『長靴をはいた猫』の主人公ペロの像を拝んで館内へ入ると、歴代のプリキュア82名が勢揃いのパネル展示がズラリ。館内を見渡すと、親子で展示を楽しむ来館者の姿があった。「入館無料でどなたでもご来場いただけます。地域貢献もミュージアムの大事な役割のひとつですから」。そう語るのは、館長の馬場厚成さん。かつては製作部に在籍した、現場を知る人だ。橘髙がフロアの一角に置かれた木製のデスクに目を留めると、「これはアニメーション製作のために設計されたデスクなんです」と詳細を教えてくれた。「今はデジタルになりましたが、昔のアニメ製作は紙を大量に使いました。レイアウト用紙に画面構成を描き、演出や作画監督が紙を重ねて修正を加える。作り付けの棚があると、増えた紙をパッと置けて便利なんですよ」

創業時に製作された日本初のフルカラー長編アニメ『白蛇伝』に参加した名アニメーター、大工原章さんが使っていたものだと言われているらしい。『白蛇伝』と聞いて思い出したのが、大学受験

中に同作を観てアニメの道を志した宮崎駿さんの存在だ。やがて宮崎さんは『もののけ姫』の乙事主役に、『白蛇伝』の声優であった森繁久彌さんを抜擢した。「宮崎さんは1963年に東映動画(東映アニメーションの前身)に入社しました。その4年先輩に高畑勲さん。1960年公開の『西遊記』の製作時には原案の手塚治虫さんが嘱託として在籍されていました。我が社は多くのアニメーターを輩出したスタジオでもあるんです」

東映動画時代の社屋の模型からは、黎明期の製作風景が見てとれた。地下に穴を掘って設置された巨大な機械は、マルチプレーンスタンド(多層式遠隔操作撮影台)と呼ばれるアニメーションの撮影をする装置らしい。それが今やパソコンやタブレットへと変わったと思うと、70年にわたる歴史の重みをずっしりと感じる。戦後から現代まで、どの時代のアニメも裏側には大勢のクリエイターがいて、実際に手を動かしてキャラクターに命を与えてきた。アナログでもデジタルでも作り手の思いは線に表れる。アニメが持つその強度に惹かれるのだと、橘髙は思いを強くした。

©東映アニメーション

現象を生み出す、プロデューサーの力。

　嬉しいことにプロデューサーを務める平山理志さんが時間を作ってくれた。サンライズ時代に『ねらわれた学園』や『ラブライブ！』を手掛けた平山さんは、東映アニメーションに移籍後、人気アニメ『ガールズバンドクライ』（以下『ガルクラ』）を手掛けてヒットさせた立役者だ。ガールズバンドを扱うアニメが近年多いことは、橘高も気になっていた。

「実はプロジェクト自体は2019年からスタートしていたんです。ですから、近年ガールズバンドアニメが増えることは全く予想していませんでした。発足時もすでに『けいおん！』のような作品はありましたし、社内ではむしろ今更？　という声も上がったくらい。でも切り口は変えるので、違うものになるはずと」

　『ガルクラ』の特徴のひとつが臨場感のあるアニメらしい描画表現だ。

「これまでのCGは手描きアニメに寄せた"セルルック"と呼ばれる手法でしたが、技術的な限界があるため、違う見せ方をしようと"イラストルック"を開発しました。キャラクターデザイナーのイラストをそのままアニメーションで再現する手法です。髪や服をフルコマで動かせて、リッチな画面が生まれます」

　イラストルックは映画『THE FIRST SLAM DUNK』でも採用された技法だ。キャラクターデザイナーの絵をそのまま動かせるため、本作でキャラクターデザインを務めた手島nariさんの繊細な描写が楽しめる。そして、もう一つの『ガルクラ』の特徴は音楽だ。ミュージシャンを声優に起用し、リアルバンドを結成。音楽×総合クリエイティブカンパニー agehaspringsの協力を得て、フルアルバムもリリースしている。

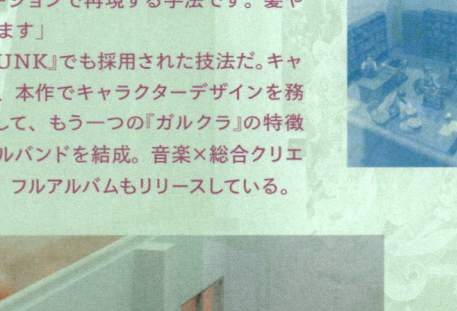

Where animation is born.

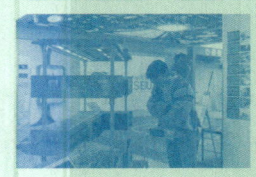

「K-POPのようなクオリティの高い音楽が当たり前のように聴かれているわけで、どう対抗するかを考えました。そこでポテンシャルのある人を選んでバンドを組んでみようと。」

アニメの放送が終わった今もバンド活動は継続している。ライブに着ていくTシャツを買いに、ミュージアムショップを訪れる人も多いという。この現象を作り出すのもプロデューサーの手腕なのだろう。「オリジナルアニメを作る場合、まずターゲットを決めます。判断基準がないと、ぼんやりした作品になってしまいますから。そのうえで何が売りになるか決め、商売としての出口に直結しているか考えてから、監督や脚本家に内容を相談する。ビジネス構造を作って、成立するものを作ってください、とお願いする感じですね。プロデューサーはビジネスを優先する立場ですが、映像を初めて観た時はやっぱり感動します。根源的にアニメが作りたいし、良い映像ができて、お客さんに受け入れられたら嬉しいですね」

アニメが多くの人の目に留まり、次の作品へと繋がるのは、商業的な成功があればこそ。好きだからこそビジネスとしても成功させていく。プロデューサーである橘高に、その姿勢は強く響いた。過去と未来を結ぶアニメの現在地が、ここにはあった。

ガールズバンドクライ（2024）

東映アニメーション、agehasprings、ユニバーサルミュージックの3社がタッグを組み、アニメと音楽および二次元と三次元を融合した作品。高校を中退し上京した井芹仁菜は、郊外の駅前で一人で歌う少女、河原木桃香と出会う。やがて二人は安和すばる、海老塚智、ルパという仲間とともにロックバンド「トゲナシトゲアリ」を結成。悩みを抱えた5人の少女が世の中の不条理に立ち向かい、居場所を探す物語。アニメと連動するリアルバンド、トゲナシトゲアリは『棘アリ』『棘ナシ』のフルアルバムをリリースしている。

01

〈物語〉シリーズ

- 2009
- SHAFT

西尾維新原作のライトノベルをアニメ化。シリーズ第1作の『化物語』に始まり、『偽物語』『猫物語（黒）』〈物語〉シリーズ セカンドシーズン『憑物語』終物語『暦物語』までがTVアニメ化され、『傷物語』（三部作）と『続・終物語』は劇場版で制作された。2024年には『〈物語〉シリーズ オフ＆モンスターシーズン』がAbemaで配信。

02

響け！ユーフォニアム

- 2015
- Kyoto Animation

北宇治高校吹奏楽部を舞台に、高校1年生の黄前久美子と部員たちが全国大会出場を目指す青春ドラマ。原作は自身も吹奏楽部員だった京都府宇治市出身の武田綾乃。2015年から2024年まで3期にわたり制作され、その間『劇場版 響け！ユーフォニアム～誓いのフィナーレ～』や『特別編 響け！ユーフォニアム～アンサンブルコンテスト～』が劇場で公開された。

忘れられないアニメ

01　独特な平面構成と文字だらけの画面に衝撃！

原作はモノローグや会話文で構築されたライトノベルで、映像化が難しいと言われていた作品ですが、『ひだまりスケッチ』や『さよなら絶望先生』などで独自の表現を生み出してきた制作会社シャフトがアニメ化。独特な平面構成、キャラクターの首の角度、奇抜な色使い、文字カット多めの画面など、シャフト色全開のアニメーションに当時かなり衝撃を受けました。今見ても唯一無二なところがすごいなと思います。設定資料集も充実の内容なんですが、装丁を手掛けたのがアートディレクターのミルキィ・イソベ氏であったり、作品周辺の販売物の感度も高かったりと、グラフィックデザイナー的にも影響を受けた作品です。

02　もがき続ける青春とまぶしい成長譚

京都アニメーションが得意とする、思春期の女の子のキラキラした眩しさと、ヒリッとする人間模様のシリアスさが巧みに描かれた青春物語。部活に励む高校生たちの友情やすれ違い、クオリティの高い演奏シーンなどが瑞々しく描写されています。私がアニメ史上に残ると断言する神回は、まず1期の8話（美し過ぎる大吉山でのワンシーン）と、12話（初めて主人公が自分の感情と向き合う回）。そして話題になった3期の12話（原作と大きく異なる展開を見せた回）。特に3期の12話は、制作チーム、キャストの方々の勇気と作品に対する愛を感じずにはいられないストーリーとなっています。

edit: Neo Iida

03
天元突破グレンラガン

- 2007
- GAINAX

監督・今石洋之、脚本・中島かずきの代表作。少年シモンと兄貴分カミナが
グレン団を結成し、人類に対して圧政を敷く獣人との戦いを繰り広げる宇宙
規模のスペクタクルなロボットアニメ。「俺のドリルは天を突くドリルだ！」など
名言も色々。アニメ放送後、『劇場版 天元突破グレンラガン 紅蓮篇』(2008)、
『劇場版 天元突破グレンラガン 螺巌篇』(2009)。

04
彼氏彼女の事情

- 1998
- GAINAX

1998年にテレビ東京で放送されたガイナックス制作のアニメ。本当の自分
を見つけ出そうとトラウマやコンプレックスと向き合う主人公らの姿が、笑
いとシリアスを織り交ぜた演出で描かれる。放送20周年を機に発売された
限定版Blu-ray BOXには、100Pものブックレットと生フィルムコマが付属
しボックスには平松禎史の描き下ろしイラストが。

自宅の棚にうやうやしく鎮座する円盤たち。
橘高つむぎが見続けてきた珠玉の作品4選。

03　ハチャメチャで激アツ！　宇宙に突き抜けるドリルアニメ

この作品で今石監督の大ファンになりました。ロボットアニメでありながら、タイトルに"万物生育の根源"
および囲碁用語で"碁盤の中央"を意味する"天元"を冠し、劇中ではドリルや螺旋力などの回転にまつわる
ワードが登場する痛快かつ奥深い傑作です。"少年から大人の男への成長譚"であり、カロリー高めの作画に
よる熱いバトルシーン、熱い人間関係と台詞がてんこ盛りの、これぞアニメな激アツ作品。挫けそうになった
時、カミナの名台詞「お前を信じろ　お前が信じるオレでもない　オレが信じるお前でもない　お前が信
じるお前を信じろ」を思い出します。

04　思春期の高校生の内面を覗き込む、稀有なラブコメ

「カレカノ」の愛称で呼ばれる人気作。物語の軸は主人公の宮沢雪野と有馬総一郎の特殊な関係性が織りな
す高校生のラブコメなのに、途中からどんどん不穏な空気に。やがて"母親"や"他者から認められたい"といっ
たテーマが見え隠れします。そんな彼らの不穏な心象表現からは、どこか『新世紀エヴァンゲリオン』の匂い
がするんですが、それもそのはず、監督を務めるのは庵野秀明さん。本作は庵野監督が『エヴァ』の次に手
掛けたアニメで、90年代末特有の閉塞感が作品にも影響しているのかも。後半のクレジットが「あんのひで
あき」「アンノヒデアキ」になっている理由はBlu-ray BOXに同梱されているブックレットに隠されています。

HE IS
A TWISTED PERSON

HE IS
A DETAIL NERD.

HE HAS
A COLLECTING HABIT

unlikely®

Dry Goods

Designed by
SHINSUKE NAKADA

Unlikely Alpine Down ... ly B.D M-51 Field Jacket / Unlikely Irregular BDU Pants / Unlikely Reversible Tankers Jacket /
Unlik... s Coat Wool Serge / Unlikely Back Strap Plain Front Trousers Wool Serge /
Unlikely Assembled Spor... ousers Wool Tweed / Unlikely City Chore Jacket / Unlikely Bib OverAll / Unlikely Coverall /
Unlikely S... s / Unlikely Time Travel Jeans 1977 Wash / Unlikely Button Down Shirts /
... en L/S Shirts Wool Plaids / Unlikely Convalescent Easy Pants
... Side Seamless Sweat Pants / Unlikely Split Raglan Sleeve Crew /
... Unlikely Bear Easy Pants / Unlikely Grand Coach Jacket Melton /
...ford / Unlikely Tie Oxford Stripe / Unlikely Large Neckerchief Oxford /
Unlikely La... ...ly Bucket Hat Wo... ...Unlikely Tie Compact Twill /
...aids / Unlikely I... ...Sweaty Twill

MY "BE-POP"

すぐ近くにある、自分だけのPOP。

好きで好きで好きで好きでたまらない。見たら集めちゃうし、写真を撮っちゃうし、眺めているだけで夢中になってワクワクする。うまく言葉にできないけど、そんなふうに心が躍る、気になるモノとか存在って、めちゃくちゃPOPじゃない？　9人に答えてもらった、9者9様のMY "BE-POP"！

MY "BE-POP" =

日々出会う人々

日々出会うアーティストや、行きつけのカフェの方々、世界中を旅して出会う人たち。その人自身の佇まいやちょっとした言葉選びや心遣い、そんな些細なことにPOPな人間性を感じるたび、明るく華やいだ気分になります。例えばモロッコ出張先のラグ屋の店主。私は真剣にオーダーを検討し、店を出たあとで写真を見返したら、後ろで太極拳を始めていたんです。面白いおじさまだな〜と思いました。ちょっとした瞬間にほっこりする空気を作れる人はPOPそのもの。私自身、日々淡々と過ごす日常の中でPOPさを見つけられるような、ニュートラルな自分でいたいなと思います。

左／のちに驚いたというラグ屋の店主の太極拳。自由！　右／〈BEAMS Planets〉の立ち上げ10周年を迎えた日、アーティストのTONYTさんがデコってプレゼントしてくれたシャンパン。「作品もその心遣いもめちゃくちゃPOPだなと思いました」

● 佐藤幸子　ビームス クリエイティブディレクター

さとう・さちこ｜1995年入社。ウィメンズ服飾雑貨バイヤーを経て〈Ray BEAMS〉ディレクターに就任。現在〈BEAMS Planets〉〈Calling BEAMS CRAFTS IN THE MAKING〉〈CATHRI〉〈HIZEN jewelry〉のディレクターを務める。趣味は旅と家事。

P.O.P (＝パシフィック、オーシャン、パーク)

地元の先輩の姿を見て幼少期にサーフィンを知り、デビューは大学卒業時。スケートボードは大学時代、ラグビー部の同期にもらった板でデビューしました。SURF&SKATEを通して自然と向き合い、ストリートのカルチャーにも触れ、タフに楽しむことを学んだ気がします。数えきれないほどの奇才と出会うきっかけにもなっていて、エピソードがありすぎて書ききれません(笑)。SURF&SKATEにおけるPOPといえば、桝田琢治さんのZINEで知った、70sにクレイグ・ステシックが発信した「P.O.P」(＝パシフィック、オーシャン、パーク)。「P.O.P」は生活の一部であり終わりのないモノです。

90sに手に入れたプロサーファーの桝田琢治さんのZINE。フォトジャーナリスト、ライター、フィルムメイカー、アーティストと多くの顔を持つクレイグ・ステシックのテキストも掲載。『バリーマッギーやジェフ・ホーが作っているサーフボード〈Zepher〉を知るきっかけになりました』。自宅にも〈Zepher〉の板が。

● 加藤忠幸 〈SSZ〉ディレクター、ビームス メンズカジュアルバイヤー

かとう・ただゆき｜1996年入社。神奈川県生まれ。販売スタッフ兼アシスタントバイヤーを経て、2012年より〈SURF&SK8〉の担当バイヤーに。2017年、ビームスのオリジナルブランド〈SSZ〉を立ち上げる。鎌倉にある加藤農園の4代目として野菜農家の顔も併せ持つ。

推し!!!!!

ママの影響でアイドルを見始めて、3歳でむすびズムの木村ミサちゃん、5歳でBEYOOOOONDSの(清野)桃々姫を推してた。自分から初めて好きになったのは菊池風磨！ 9歳の時かな？ 『アイ・アム・冒険少年』を観たんだと思うけど、イケメンというところ惹かれたわけじゃない気がする。なぜならイケメンはたくさんいるから。多分面白くて、動画を見て惹かれてったんだと思う。FC動画で旅行してた場所を巡ったこともある。周りの子と推しの話はしなかったけど、最近話してもいいんじゃねみたいな空気になったから今はランドセルにグッズを付けてる。推しは神。

『眼鏡の男の子』のMVロケ地に行き、ひとりBEYOOOOONDSをした写真。左上は手製のセクゾ(Sexy Zone)人生ゲーム。「カルボナーラを食べすぎて太る」「ドームツアーが天井席!?」などのコマがあり、通貨の単位はセクシー。「人生ゲームも好きだから作ってみた。timeleszも応援してるけど推しはあくまで風磨」

● 澤井晴ノ 小学生

さわい・はの｜三重県生まれ。都内の学校に通う小学生。5歳からボイスパーカッションを習う。2021年、区の放課後クラブ主催のサイコロ転がし大会で金メダルを取得。ドラマ好きで月、火、金、土はドラマの日。いちばん好きな作品は『ハコヅメ』。橘高とは推し活友達。

MY "BE-POP" =

『天元突破グレンラガン』の世界

最初にくらった衝撃って忘れられないじゃないで
すか。人によってはそれが『北斗の拳』だったりブ
ルーハーツだったりするんでしょうけど、僕にとっ
ては『天元突破グレンラガン』。何がPOPかって、
あいつらマイナスを全てプラスに変えるんですよ。
悲しい場面もあるけど、生き死にすら昇華してし
まう。道理を全部蹴っ飛ばしてくるところも痛快
だし、絶対に最後は勝ってくれる信頼がある。「俺
たちを誰だと思っていやがるッ‼」っていう発言
が、もう究極にPOPというか。同じ今石洋之監
督が手掛けた『キルラキル』とかも好きですけど、
やっぱり戻っていきますね。

大グレン団が誇る美少女スナイパー、ヨーコの塗装済み完成品フィギュア。よく胸に潜り込んでいる豚モグラのブータのおまけ付き。「本当は『今石洋之の世界展』
に行ったときの公式図録を出したかったんですけどどっか行っちゃって……。『グレンラガン』はキャラデザが素晴らしいのでフィギュアの造型も最高です」

● 髙橋優太　『Color at Against』店主

たかはし・ゆうた｜1986年、秋田県生まれ。〈Stussy〉やセレクトショップ勤務を経て、2013年、代々木上原にアメリカ古着をメインに扱う
セレクトショップ『Color at Against』をオープン。アニメ好きであり、川釣りガチ勢でもある。

MY "BE-POP" =

グラフィックTシャツ

コーネリアスの"C"Tシャツが自分のPOPの源流だ
と思います。『行け！稲中卓球部』のキャラが着てた
ことでも物欲を駆り立てられた記憶が。そこから
Crooklyn Dodger、Wu-tang、Smif-N-Wessunの
Bootcamp周辺の東海岸ラッパーがPVやジャケ写
で着てるのを調べて、フォトグラファーの情報を
辿ったり。今、アートやカルチャーに浸かってる自
分の立ち位置を作った出発点です。圧倒的にわか
りやすく、個性と主張が垣間見えるお手頃アイテ
ム。会ったこともない作り手側の頭の中を想像し
たり、好きを共有したり、コミュニケーションツー
ルになるところも好きです。口下手なので……。

最近手に入れた田巻裕一郎さんのブートTシャツ。政治的なメッセージをビジュアル化し、ブラック・フラッグの「MY WAR」Tシャツを着た自撮りを1日1枚
SNSに投稿。2015年から2年間続けられた。「インスタが閉鎖され残念でした。ファンだった僕としてはこのブート中のブートTシャツに心躍りました‼」

● 水村幸平　〈BEAMS T〉ディレクター

みずむら・こうへい｜2007年入社。東京都出身。『ビームス 横浜西口』で3年間のアルバイトを経て社員になり、〈BEAMS T〉に配属。代官山、
立川、渋谷での販売員経験を経て〈BEAMS T〉のVMD担当に。MDとの二足の草鞋を経て現職。音楽、Tシャツ、町中華、サウナが好き。

多くの人が生きていく上で
必要と感じないもの

ギャラリーの展示作品やSNSで流れてくる画像、ローカルな看板、古雑誌の挿絵、道端やゴミ捨て場にある何か。至る所で出会うものを鑑賞して裏側にあるカルチャーを探り、愛でることが多いです。なんでこれを作ったのだろう？　と探りつつフラットな視点で鑑賞し保有することで、感性が豊かになります。また、ひとつのものを別の角度から辿るうちに点と点が線になることも多く、好きなものには無意識に共通点があると感じます。自分が集めたもののジャンルに詳しい人たちに深掘りした話を聞いて吸収したいです。

右／1日100円ずつ入れると3100円貯まる貯金箱。「結核成人病予防協会製。腸の形に沿って心地よいリズムで硬貨が落ちていきます」　中／特売品チラシ用素材集。手書きロゴがたくさん載っている。　左／頭に爪楊枝が刺さった人形。「実態が不明(笑)。可愛らしくて気に入っていますが怖くて使えません」

●小川喜之　〈TOKYO CULTUART by BEAMS〉、〈B GALLERY〉ディレクター
おがわ・よしゆき｜2009年入社。『ビームスT 原宿』でアルバイトを始め、のちに『TOKYO CULTUART by BEAMS』のオープニングスタッフに。その後ショップマネージャーとしてイベントや商品企画を担当し現職。趣味は音楽鑑賞、DIY。帽子と犬が好き。

遊んでくれる我が愛猫

今月で1歳になりました。うちのたろうです。一応エキゾチックショートヘアなんですが、あんまりクシャッとしてないかもしれません。実家で飼ってたことはないんですけど、店のある代田橋は猫が多くて、よく店内に入って来るからよく遊んでもらっていたんです。それもあって、いつしか猫と暮らしたいと思うようになり、引っ越しのタイミングでお迎えしました。本当にいいですね。生活も変わって、仕事が終わったらすぐ帰ろうと思いますし、帰り道で顔が浮かびます。開けると絶対ドアの前にいるんですよ。寒くなると一緒に寝てくれますし、もう夢の世界です。

念願叶って昨年11月から一緒に暮らしている愛するニャンコ。名前はひらがなで"たろう"。昔はアイドル現場にもよく足を運んだが、現在のプライベートはたろう一色に。「長期で留守にする時は友達に世話をお願いしています。ペットカメラも買ってみたんですが使い方がわからなくて……。とりあえず急いで帰ります」。

● 小林雄一　『しゃけ小島』店主
こばやし・ゆういち｜1978年、福島県生まれ。服飾学校を卒業後、個人でシャツを製作。2008年に友人らと代田橋でしゃけ専門店『しゃけ小島』を開店。アイドル好きでもあり、ももいろクローバーZ、Negiccoなどを経て現在はK-POPをチェック中。

MY "BE-POP" =

絵を描くこと

子供の頃から絵を描くのが好きで、チラシの裏の白いところにひたすら女の子の絵を描いていました。描いたものが世界を広げてくれるところがあり、絵を見てくれた方から声をかけてもらい、歌手のYUKIさんのCDジャケットを描くことに。それから沢山の方に絵を見てもらえるようになりました。個人的な感情や経験から生まれる絵を介していろんな人に出会える。とても不思議ですが、POPだなと思います。副業という言葉がない頃から画家としても活動出来たのは、社長、副社長、みんなの応援があったから。二足の草鞋人生をポジティブに楽しみたいです。

〈BEAMS COUTURE〉がデザインを監修した〈Ziploc®〉の新商品「Ziploc® Ribbon」。パッケージの絵を手掛けた。右は『Vermeerist BEAMS』で行われた〈AROMATIQUE〉のポップアップ用ビジュアル。「製作は基本的には夜か週末。オリジナルのテキスタイルやプリントを制作することも」

● 山口智子　〈BEAMS BOY〉、〈maturely〉企画、画家
やまぐち・ともこ｜2000年入社。兵庫県生まれ。販売職を経て、2017年より〈BEAMS BOY〉の企画職に。2022年より〈maturely〉のデザインも担当。ビームスに所属しながら画家としても活動し、YUKI『メランコリニスタ』のジャケットなども手掛ける。

MY "BE-POP" =

子どもたちと過ごす時間

3歳と5歳の息子と触れ合う時間に、POPを感じます。大人には想像できない発言や行動をするし、日々成長していく様子も新鮮なことばかり。子供たちのおかげで笑顔になれますし、自分の想像力の幅も広がって、学ぶことが多いです。一緒に遊ぶことはもちろん、「今日は何を着せようかな〜」とTPOに合わせて着せる服を考えたり、二人に服を作ってあげることも楽しくて仕方なくて。そういった経験が仕事にも繋がって、子ども服のブランド〈süß〉も立ち上げました。二人のおかげで、仕事の幅も広がっています。家族そのものがPOPであり続けますように。

息子たちと過ごす大切な時間をパチリ。今年のハロウィンの仮装は草間彌生。ハローキティのバッグは〈BEAMS COUTURE〉でデザインしたもの。「七五三の衣装は画家に眠っている着物を合体させてリメイクしたもの。先祖を敬いつつ、二人をお祝いしてあげられたと思っています」

● 水上路美　ビームス デザイナー
みずかみ・ろみ｜2005年入社。愛媛県出身。2005年、〈Ray BEAMS〉のデザイナーとしてキャリアをスタート。2013年に中川翔子との共同制作ブランド〈mmts（マミタス）〉デザイナーに就任。2017年から〈BEAMS COUTURE〉のデザイナーに。

photo: Naoto Date hair & make: Maki Sasaura text: Neo Iida

待ち合わせは原宿で。

→ Harajuku

『響け！ ユーフォニアム』『アイドルマスター シンデレラガールズ』などの
人気作に出演する黒沢ともよさんは、
舞台やテレビドラマで役者としても活躍する人気声優だ。
そんな彼女は10代の頃に仕事で橘高つむぎと出会い、親交を深めてきた。
定期的に原宿でランチをし、
おしゃべりをするという二人の、ある日の散歩風景に密着。

仕事を通じて仲良くなった、声優の黒沢ともよさんと橘髙つむぎ。
ふたりは異なる職種でありながらお互いをリスペクトし、悩みや葛藤、喜びを分かち合ってきた同志だ。
ともに時代を生き、自分なりのクリエイティブを貫く、友情200%のフレンドトーク。

黒沢ともよ(以下と)__私、ひとりであんまり原宿に来ることってなくて、つむさんと会う場所って感じ。連絡するとお昼休みに出て来てくれて、一緒にご飯食べに行くんだよね。

橘髙つむぎ(以下橘)__そうだね。ランチの時間に1時間抜けて会ったりして。

と__カレー食べに行ったよね、『MOKUBAZA』に。あそこのカレー大好き。

橘__行った行った。

と__私たち日中に会うことが多いよね。夜に会ったとしても21時には解散してる。

橘__そうだね。遊ぶようになってもう長いけど、最初に会ったのって『アイドルマスター シンデレラガールズ』(以下『シンデレラ』)のコラボTシャツの撮影だっけ?

と__そうそう、懐かしいね。いくつだったんだろ。

橘__ともよちゃんは確実に10代だったと思う。確かもう『響け!ユーフォニアム』(以下『ユーフォニアム』)が始まってたんじゃないかな。

と__じゃあ19歳だ。つむさん、確か「ショッパー作ってるんだ」って話をしてたよ。

橘__デザイン課にいた頃だね。私は『シンデレラ』の担当じゃなかったんだけど、アニメに詳しいのと、キャスト14人分のスタイリングで人手がいるっていうので招集されたんだよ。

と__ほんと人数多かったもんね。つむさんみたいに「このキャラはこういう感じ」ってわかる人がいて、みんな助かったんじゃないかな。

橘__めちゃくちゃ覚えてるのが、ともよちゃんだけ唯一アクセサリーを持って来てたんだよ。わあと思って。撮影のために自分でアクセサリーを持ってくるのもすごいし、撮影のために考えてくれてたんだと思うと感動して。若いのにすごいなって、その時から尊敬してる。

と__えへへ。

橘__で、その場で『ユーフォニアム』好きなんですよ〜とか言って盛り上がってね。

→ Harajuku Street

→ San Francisco Pearks

→ Chihara Children's Amusement Park

→ Harajuku Street

→ Chihara Children's
Amusement Park

と＿つむさん年齢不詳感がすごくて、若造の私にもフラットに気さくに接してくださって。甘えるようにお話をして、なんならその日に連絡先を交換してもらって、「嬉しい嬉しい、遊んでくださいー！」って。それから憧れの人、みたいな感じ。

橘＿いやいやいや！

と＿私は人生の中で料理人とアパレルの人をすごい尊敬してるの。衣食住に根ざしたクリエイティブな人ってすごいなあって。２大巨頭。

橘＿料理人がすごいのはなんかわかるけど、なんでアパレルを？

と＿ちっちゃい頃に子役をしてたでしょ。その時に、キッズブランドのサンプルチェックの子供役っていう仕事をしたことがあって。写真撮影はなくて、シーズンのサンプルを全部着るモデル役。そこでブランドの人たちと接点があって、憧れるようになったんです。

橘＿そうだったんだ。連絡先を交換したあとは１年に１回会う、くらいの感じだったよね。あの頃のともよちゃんは大学にも行ってたし、めちゃくちゃ忙しそうだった。

と＿22歳まではねえ。つむさん、私がいちばん擦れてた時期を見てるんじゃないかな。

橘＿擦れてた？　そうは見えなかったけど。

と＿擦れて、尖って、忙殺されて、ヨロヨロになるところまで、全部見てると思う。いろんな相談に乗ってもらったし、恋バナもしたし。

橘＿そうね。会った時に、それまでの間に何があったかまとめて聞くんだよね。

と＿もうマシンガントーク（笑）。「聞いてくださいよ〜！」みたいな。あと衣装の相談とか。声優事務所にいた時はスタイリストさんが付かなかったから、「舞台挨拶に出るんだけどどうしたらいいですか」とかって連絡して。

橘＿自分で探さなきゃいけないから大変そうだった。

と＿個人的に雇う声優さんもいるんだけどね。私は知識もないから、つむさんにパルコとかに付いて来てもらって。そうすると「このブランドにはこういうストーリーがあるからいいよ」「こういう見え方になると思うよ」って、客観的に教えてくれるからめちゃくちゃ助かった。今の事務所に移籍してからは、バースデーイベントのパンフレットでもお世話になってて。

やりたいことがハッキリしてるから、すごくかっこいい。（橘高）

尊敬する、私の〝公式お姉ちゃん〟って感じ。（黒沢）

それも「どうしよう〜」って言ったら「作れるけど……?」って。

橘__私も関われてめっちゃ嬉しいもん。ただのパンフレットじゃなくて、ともよちゃんの絵とか文章が載った作品集みたいなものだから、作ってて楽しいんだよね。有り難い仕事です。

与えられるだけで満足せず、自分で考えようとする人。

と__私のなかではね、つむさんはリリー・フランキーさんに似てるの(笑)。ぼろぼろの私にも、つんつんの私にも、ハッピーな私にも、ふわっとフラットにやって来てお話ししてくれる。説教はしないのに改心させられちゃう。

橘__そんな褒め言葉、嬉しい。

と__私はいろんなものに影響されて、時期によってどんどん変わっちゃうタイプなの。とある時期はある人の極端な意見が心のビタミンになるけど、心が平穏になるとざわざわする。

橘__ずうっと大人だらけの環境で仕事してるんだもんね。どうしたって影響は受けちゃう。

と__でも仕事の環境から離れた、つむさんみたいな大人って全然いない気がする。つむさんだっていろんなものに触れてるはずなのに、いつも変わらなくて、フラットで、一発目の再会はいつも「よっ」って感じじゃない?　だからすごく安心する。

橘__確かに、あんまり人の影響を受けないかも。嗜好を変えるようなことはない気がする。

と__キャラクター性が強いよね。ドラえもんみたい(笑)。いつ会っても変に「最近はどうなの」って根掘り葉掘り聞いてくることもなく、「何食べよっか」って感じだからほっとする。

橘__そんなだっけ(笑)。

と__そうだよ。親みたいに過剰に心配することもなく、影響を受けた私を否定しないでいてくれる。そうそう、そういえば私、謎に高級レストランにハマった時期があったでしょ(笑)。

橘__あったね〜!　すごい店に行ったよね。超リッチだった。

と__行きたいところがあるんだ、とか言って、予告せずに連れて行ったんだよね(笑)。それも「いいねえ」って感じで、一緒にごはん食べて。ほんと、今振り返るといい大人にそば

→ YOGORO

→ Kid's Museum Of Minerals

にいてもらえてよかったなって思う。

橘__ともよちゃんは出役（でやく）として活躍してるのもそうだけど、自分主体のクリエイティブ能力が高いと思っていて。最初の出会いのアクセサリーの件もそうだけど、与えられるだけで満足せずに、自分で考えようとする。その色が強い人だなって最初から思ってた。

と__考えるのが好きなんだよね。

橘__声優はもちろん、舞台も絵も文章も、表現したいことがたくさんあるよね。やりたいことがハッキリしてるから、すごくカッコいい。今後はどういうことしたいの？

と__アニメも楽しいけど、最近はドラマにも出させてもらったりして。初めての現場はクリエイティブの仕方が全然違うから面白いし、これからも「自分が何屋なのか」に囚われずにやっていきたいなと思ってます。あとずっと頑張って小説も書いてる。

橘__それも楽しみだよ。

と__活字ヲタなので。エッセイも読むし、今はくどうれいんさんのエッセイを読んだり、夏目漱石も再燃して読み返してる。読みやすくて好きなんです、漱石タン。

橘__漱石タン（笑）。いつから文章を書いてるんだっけ。

と__ブログは高校生くらいから熱心に書いてたけど、エッセイのお話をいただいてちゃんと書き始めて。そしたら小説書いてみないかって話をもらって、今は担当の編集さんに付いてもらって、泣きながら書いてる。でも挑戦しようと思えるのは絶対につむさんの影響だよ。

橘__え〜、だとしたらめっちゃ嬉しい。自分もともよちゃんから影響受けてるから。

「ノーと言うのは勿体ない」。その背中を追いかけようと思った。

と__私、つむさんと原宿を歩いてる時の、忘れられない瞬間があって。その日もサクッと食べようって『ヨゴロウ』に行ったけど振られて、近くのハンバーガーショップに向かったんだよ。その時、初めてちょっと深い、込み入った話をしたタイミングがあって。つむさんが周りの人たちに対して心がけていること、みたいな話が会話の中で出てきて、「私はノーと言

うのは勿体ないと思ってるから」ってポロッと言ったの。それがすごくカッコ良かったの。

橘＿え、そうだっけ、覚えてないや。

と＿普段のつむさんの口癖は「感謝ですよ〜」でしょ？（笑）その言葉と、「感謝ですよ〜」がパーンてハマって、わっ、その背中追いかけます！　って思った。ノーって言わないから、いっぱい趣味の友達もできるし、輪が広がっていくんだなって。そのぶん甘えられることもあるけど、ワクワクすることにも誘われやすい。しかもそのマインドが〈マンガート ビームス〉に繋がったわけじゃないですか。ちゃんと自分で道を作ってるんだなと思って、素敵だなと思ったの。

橘＿それはそうかも。今まで生きてきたなかで、面白がることがいちばん大事。いつも、何か面白いことがあるんじゃないかと思って一回やってみようって思ってる。

と＿私は結構保身に走っちゃうから、尊敬してます。あと面白いのが、仕事をしていると作り手側の知り合いも増えて、作品を観る時に中の人目線になってもおかしくないと思うの。でもつむさん、いつも純粋に楽しんでない？

橘＿そこはほら、ヲタクだから。中が見えることもあるけど、やっぱりファンですからね。

と＿業界にいながら常にピュアでいられるって、羨ましい能力だと思う。好きなものがあると周りが相対的に落ちていくじゃない。それがないんだよね。守備範囲、広っ、みたいな。

橘＿全てのエンタメとか創造物に対して尊敬はありますよ、やっぱり。それはもう絶対。ともよちゃんの活動も応援してるからね。

と＿嬉しいな。これからはアニメも試行錯誤が始まって、どんどん変わっていくと思うんです。若い作り手たちが殻をトントンやり始めたら、きっとヘンテコリンな衝撃が生まれるはず。ここからが面白いんじゃないかなって思ってる。

橘＿めちゃくちゃ楽しみです。

と＿つむさんとも仕事したい！　これからも私のいいお姉ちゃんでいてください。

橘＿もちろん。目を離せないですから。

と＿公式お姉ちゃんだね。

黒沢ともよ

くろさわ・ともよ｜1996年、埼玉県生まれ。幼少時より子役として活躍し、2010年に劇場アニメ『宇宙ショーへようこそ』（小山夏紀役）で声優デビュー。2018年『第12回声優アワード主演女優賞』受賞。2021年に東宝芸能に移籍。代表作に『宝石の国』『アイドルマスター シンデレラガールズ』『響け！ユーフォニアム』『アイカツ！』『BanG Dream!』など。Instagram:@tomoyo_kurosawa_official_

→ Telephone Box

Instagram: @cccooooommm address: 3-27-10 Nishiasakusa,Taito-ku, Tokyo

——その時点でもう今のきっちゃんの原型が生まれてる感じがするね。でもまだ制作部に行った話は出てきてないね。

転職活動をしてる時に社内公募があったの、制作部(現デザイン課)の。試しに受けてみたら通って。まさに自分がやりたかった、モノがきちっと残るデザインができるなと。

——じゃあそこでようやくデザインの仕事に就くんだ。

そう。震災の年に制作部に異動した。3月16日の異動だったのを覚えてる。

——大変な時に異動だったんだね。その頃ずっと家にいたから、ももクロのYouTubeを

1980s   2020s

『「ももクロChan」Presents 試練の十番勝負 週末ヒロイン ももいろクローバーZ』(太田出版)

よく見てたなあ。あかりん(早見あかり)が卒業間際だった頃な気がする。

前からももクロは追ってたけど、初現場はその年の2月の神聖かまってちゃんとの対バンイベント。そのあと東芝のテレビの謎の企画に応募したら当選して、ライブハウスに招待されて。めちゃくちゃ近くでしおりん(玉井詩織)を見て、キラキラ感にやられて推しに。

——私は三茶界隈の友人とももクロを推してて、その繋がりできっちゃんとも知り合ったんだよね。周りがみんな半オタというか、仕事にかこつけて会おうと奮闘してた。2011年は『ビームスＴ 原宿』でもももクロとのコラボＴシャツをメンバーが手売りする『おしはがし祭り』も開催されたしね。〈FLAPH〉とのコラボパーカーをリリースしたり。

121

P122: 〈Supreme〉×『AKIRA』Tシャツ ／ 2017年に〈Supreme〉が展開した、大友克洋のS肝漫画『AKIRA』とのコレクションアイテムのひとつ。グリーンのボディにアレンジされた漫画のコマがプリントされている。**01: サンガッツ本舗「水木しげる奇怪漫画ソフビ列伝」シリーズ「河童の三平」の狸 ／** ソフビメーカーのサンガッツ本舗が制作した、水木しげる原作『河童の三平』に登場する狸のソフビ。**02: バンダイ ポピニカ魂「金田のバイク」／『AKIRA』**の原作者、大友克洋とバンダイのコレクターズ事業部がタッグを組んで生み出された全長約500mm、1/6スケールのコレクションアイテム。2010年に発売され、のち2021年にリバイバルされた。橋高は『まんだらけ 中野店』で購入。

MY PERSONAL CULTURAL HISTORY

1980s   2000s   2010s   2020s

122

いちばんアイドルを見てた時期かも。アイドルストリートだと、スパガ(SUPER☆GiRLS)、チキパ(Cheeky Parade)。i☆Ris、東京女子流、Negicco、虹のコンキスタドール、アップアップガールズ(仮) ……。2010年代初頭はアイドル戦国時代でイベントが多かったし、好きなグループがフェスに呼ばれることも多くて。現場が多かったね。あと吉田凜音ちゃん。

——アイドル以外の現場だと『コミケ(コミックマーケット)』とか『ワンフェス(ワンダーフェスティバル)』とか?

そうだね。好きなアニメの薄い本とかソフビを探してた。サンガッツ本舗さんが作るソ

01

フビは造型がかわいくて好き。水木しげる先生のキャラクターをソフビ化してて、今日持ってきたのは『河童の三平』に出てくるタヌキ。

——じゃあソフビも結構集めてるんだ。

集めてるってほどじゃないけど、造型がカッコ良かったら買う感じかな。『AKIRA』の金田のバイクは中野の『まんだらけ』で買ったんだけど、こういうのも造型の美を感じる。見る人によってはオモチャかもしれないけど、2次元のものが3次元になるところにロマン

02

123

を感じるというか。平面から立体になること
で、また違う魅力も出るし。
──ソフビは型から制作するものだから一点
もののアートとはまた違うけど、でも造形師
さんの技量がものすごいんだよね。2次元の
味わいをリアルにするって凄いことだと思う。
『機動戦士ガンダム』シリーズは、物語も好
きだけどやっぱり造型なんだよね。いちばん
好きなのはνガンダム。ガンプラも買ってる
けど忙しくて組み立てまで出来てないな……。
──2011年に制作部に異動になって、その
あとはインハウスのデザイン仕事を色々やる
わけよね。
そうだね。
──でも『BANANA FISH』のコラボはきっ
ちゃんがデザインやってなかった？
そう。元々制作部にいた時から〈BEAMS
T〉のディレクターに声をかけられて案件ごと
にデザインをやってたんだよね。アニメとか
漫画に詳しいっていうので呼ばれていて。で

MY PERSONAL CULTURAL HIST

1980s   1990s   2000s

も『BANANA FISH』はアニメ化するのを
知って、うちで何かやれないかなと思って、
初めて企画からやらせてもらった。
──そっか。それもあって〈マンガート ビー
ムス〉のプロデューサーに繋がるんだ。
そう。前から〈MANGART BEAMS T〉とい
うレーベルがあって、代官山にショップも
あったんだよ。一時期ディレクターもいない
時期があって。それで2022年にリブランディ
ングの話が出た時にやりたいですって。
──ステートメントを作るのに佐久間（宣行）
さんにも参加してもらうとか、色々考えてた
もんね。立ち上げ時の企画がVTuber事務所
のホロライブプロダクションとのコラボだった

上：『AIR COMITIA 133 at SEVEN ELEVEN』
／グラフィックデザイナー Panasony™が制作した
同人誌。展示即売会『COMITIA』は、コロナ禍の
2020年にTwitter（現X）を活用し『エアコミティア
133』を開催。Panasony™はセブンイレブンのネッ
トプリントを使い作品を頒布した。下：アイドルマ
スター シンデレラガールズ『SUMMER FESTIV@L
2015』公式パンフレット／アニメ『アイドルマスター
シンデレラガールズ』の豪華声優陣が出演する夏
フェスの公式パンフレット。キャスト対談を収録す
るなど充実のボリューム。

のも新しい事してるなって思った。ファッションでVTuber絡めるの早かった気がする。

VTuberもすでに注目されてたからね。〈マンガート ビームス〉はポップカルチャー全般に焦点を当ててるから、漫画や、アニメだけじゃなくてVTuberも声優もテレビ番組も、幅広くやっていきたいなと思って。

──**中銀カプセルタワービルの企画も面白かったもん。**

あれは〈マンガート ビームス〉じゃなくて〈TOKYO CULTUART by BEAMS〉で やった企画だね。図面や竣工時の写真をお借りしてグッズを制作しました。私も黒川さんのメタボリズム建築大好きだから嬉しかったよ。

──**で、変わらず現場にも行って。**

そうだね。土日は何かしら行ってると思う。そこから仕事に繋がることもあるし、お世話になった方のイベントやライブには足を運びたいしね。

──**実際、アイドルの仕事も増えてるもんね。**

モーニング娘。とかアンジュルムとか。

本当にありがたいことですよ。

──**転職活動した時に考えてた「モノづくりがしたい」は叶えられてるんだね。でもポップカルチャーの対象範囲が幅広いじゃない。コラボする時の基準みたいなものはあるの?**

まず自分がその作品に対して愛があるか、というのと、最近はちゃんと売れるものを作りたいっていう気持ちがある。ビームスとしてコラボする意味が見せ出せる自信があればやる。ちゃんと売れて作品が広がるといいし、作品が好きな人にも届いてほしい。一方でビジネスとしても成立させて、ビームスにとってもプラスになったらなと思ってる。

上: **中銀カプセルタワービルの分譲パンフレット**／建築家・黒川紀章設計の中銀カプセルタワービル（竣工時の名称は中銀カプセルマンシオン銀座）は、10m四方のカプセル140個で構成された集合住宅として1972年に竣工した。新陳代謝する建築を目指す「メタボリズム」の思想を象徴する建築のひとつ。老朽化により2022年に解体。下: **『アンジュルムック』**（**集英社**）／熱狂的なアンジュルムのファンである蒼井優と菊池亜希子がダブル編集長を務め、企画から撮影まで携わったアーティストブック。2019年発売。

——売れないと継続していけないもんね。それに今はポップカルチャーもマスになったし、コラボも多岐にわたってるから、独自性を出していかないといけないから試されるね。

そうだね。でも自分としてはちゃんとお金と時間をつかってエンタメを観に行ってるし、プロデューサーでもあるけどデザインもできるから、やりたいことを視覚化して伝えられる。それは強みかなと思ってる。あと自分で言うのもなんだけど熱量はまだあると思って

いるし、敬意もちゃんと持ってるつもり。どれかひとつでもなくなったらこの領域の仕事は自分がやらなくてもいいんじゃないかな、というのは常々思っています。

——アイドルの現場にも行くし、コミケにも行くし。アニメーターの錦織（敦史）さんの同人誌はもう画集だよね。こういうのを逃さず、足で手に入れてるのはほんと凄いと思うよ。

結局、熱狂の場所が好きなんだよ。秋原もバンドもアイドルもアニメも、POPなものを近くで見たい気持ちが大きい。今は届ける側にもなったけど、熱は忘れずに持っていたいしね。

1980s

2020s

左:『コミックマーケット』のリストバンド。毎年8月と12月に東京国際展示場（東京ビッグサイト）で開催される世界最大規模の同人誌即売会『コミックマーケット』（通称コミケ）。多くのコスプレイヤーも集う。**右:**『コミックマーケットカタログ98』／ 2020年5月に開催予定だったコミケの出展者カタログ。新型コロナウイルス感染症対策で中止に。表紙を手掛けたのはゲームクリエイターでイラストレーターのいとうのいぢ。

WORKS ● 橘髙つむぎの仕事

◇ = ロゴデザイン　○ = グラフィックデザイン　△ = プロデュース　◆ = ディレクション

2018
7月 ○　FUJI ROCK FESTIVAL 2018 ショッパーデザイン
11月 △○　TVアニメ BANANA FISH × MANGART BEAMS T

2019
4月 △○◆　TVアニメ 約束のネバーランド × MANGART BEAMS T
7月 ○◆　パンダコパンダ × MANGART BEAMS T
7月 △○◆　映画 サマーウォーズ10周年 × MANGART BEAMS T
9月 ○　CREATORS FILE × BEAMS T
11月 △○◆　映画 空の青さを知る人よ × MANGART BEAMS T

2020
3月 ◇　CATHRI

2021
5月 ◇○　NETFLIX × BEAMS
7月 ○◆　りぼん展 × MANGART BEAMS T
8月 △○◆　ハイパーハードボイルドグルメレポート × MANGART BEAMS T
8月 △○◆　PUIPUIモルカー × BEAMS
9月 ◇　HIZEN jewelry

2022
1月 ◇○　FUKUOKA MUSIC FES
2月 ◇　BE FES!!
3月 △　マンガート ビームス ステートメント（佐久間宣行氏と共同制作）
3月 △○◆　お笑いマンガ道場 × マンガート ビームス
4月 △○◆　攻殻機動隊SAC2045 × マンガート ビームス
8月 △○◆　Animelo summer live 2022 × マンガート ビームス
8月 △○◆　内田雄馬 × マンガート ビームス
10月 △○◆　中銀カプセルタワービル × TOKYO CULTUART by BEAMS
10月 △○◆　TVアニメ 呪術廻戦 × マンガート ビームス
10月 △○◆　週刊プレイボーイ × マンガート ビームス 井桁弘恵
12月 ○　YODOKO by BEAMS DESIGN
12月 △○◆　週刊プレイボーイ × マンガート ビームス 井桁弘恵トークショー
12月 △○◆　TVアニメ チェンソーマン × マンガート ビームス

2023
2月 △○◆　TVアニメ うる星やつら × マンガート ビームス
3月 △○◆　マンガート ビームス × 初音ミク × イセタン 〜 Happy 16th Celebration in ISETAN !! 〜
7月 ○　STARBUCKS × BEAMS
7月 △○◆　釣りバカ日誌 × Chaos Fishing Club × マンガート ビームス
7月 △○◆　斉藤朱夏 × マンガート ビームス
7月 △○◆　モーニング娘。'23 × マンガート ビームス
8月 ◇　Animelo Summer Live 2023
10月 △○◆　TVアニメ ブルバスター 実写キャスト衣装プロデュース
10月 △○◆　TVアニメ ぼっち・ざ・ろっく！ × マンガート ビームス
10月 △○◆　アプリ アイドルマスター シンデレラガールズ meets マンガート ビームス

2024
4月 ○　藤子不二雄90周年 | マンガート ビームス
6月 ○　STARBUCKS × BEAMS
8月 △○◆　永井豪 × マンガート ビームス
9月 △○◆　ハロー！プロジェクトメンバー レッスンウェアプロデュース
10月 △▲　シュタインズゲート15周年（イベントグッズの一部プロデュース）× マンガート ビームス
10月 △○◆　アンジュルム × マンガート ビームス
10月 △○◆　ニッポン放送開局70周年記念　佐久間宣行のオールナイトニッポン0(ZERO)
　　　　　　リスナー超感謝祭2024 〜新時代〜（ブース出展）

日本には"グラビア"という写真のジャンルがある。
主に雑誌媒体を中心に展開される写真表現で、
水着や露出の多い服装の被写体を撮影したものを呼ぶことが多い。
「本を作るなら、袋とじグラビアは絶対やりたい」。
そう熱望した橘高つむぎは、敬愛する松岡一哲さんと
モデルのあにお天湯さんとともにフォトシュートを敢行。
撮影日当日の控室で、なぜグラビアに惹かれるのかを話し合った。

松岡一哲さんと、グラビアの話。

Talk about "Gravure".

text: Neo Iida

グラビアとファッション、ふたつの感覚。

橘髙
> 松岡さんとは、『週刊プレイボーイ』×〈マンガート ビームス〉で井桁弘恵さんのTシャツ付きブックレット『BE {}』を作る時にお声がけしたのが最初のお仕事でしたよね。私は昔からグラビアが好きで色々見てきたんですが、やるからには王道グラビアじゃなくて、ファッション視点でも写真が撮れる方がいいなと思ってオファーさせていただいたんです。

松岡
> 橘髙さんが「自由に撮って後で考えましょう」という感じだったのですごくやりやすかった印象があります。井桁さんがグラビアとファッション、両方の感覚を持ってる方だったことも大きかった気がしますね。

橘髙
> 井桁さんの反射神経、凄かったですね。グラビアとファッションのふたつの感覚は、松岡さんもお持ちですよね。

松岡
> そうですね。というよりも僕はあんまりファッションだから、グラビアだから、ということで向き合い方を変えていなくて、いつも同じ気持ちで撮ってるんです。

橘髙
> ああ、松岡さんの写真を見るといつもそう感じます。

松岡
> まず被写体を美しく撮りたい。その人が美しく見えれば着ているものも輝いてくる、というスタンスなんです。ちょっと珍しいのかも。無理やり意識を変えてないわけじゃなくて、変わらない。

『BE-POP』制作当初から橘髙が熱望していた袋とじグラビア。写真家に松岡一哲さん、モデルには作家としても活動するあにお天湯さんというタッグでのシューティングは、早いうちから構想にあった。打ち合わせを重ね、撮影場所は閉店後の『ビームス ウィメン 原宿』と『ビームス 原宿 アネックス』に決定。橘髙自ら各ショップで扱うアイテムを使ってスタイリングを組み、10月某日の原宿で撮影を敢行。あにおさんは小柄ながら表現力が豊かで、くるくると表情やポージングを変えていく。松岡さんも複数のカメラを駆使して、一瞬を切り取っていく。バチバチッと火花が散るような熱い掛け合いが続くなか、松岡さんの柔らかい雰囲気で現場は終始和やかであった。その魅力をギュッと詰め込んだ8P、ぜひご堪能あれ。

hair&make-up: Rie Tomomori

洋服を着ているならその美しさがあるし、本人が自分の体を見せたいと言うなら、それを美しく撮ろうと思う。

橘髙　まずは目の前の被写体のことを考えると。

松岡　そうです。そこにプラスして、被写体自身が気づいてなかった魅力が写真に入って、許容してもらえて、世界が広がるといいなというか。それが新しい魅力だったりもするから。

橘髙　グラビアとファッションで、現場の違いはありますか？

松岡　僕はいっぱい撮るほうなんですけど、ファッションの現場はあらかじめ撮るカットが決まっている場合が多いので、早めにOKがかかることが多いです。でもグラビアは「もっと！」となる。追いかけることが許されている現場なんだなと思います。あと肌を見せるぶん、被写体に対して丁寧に接しなくちゃなとは思います。自分に置き換えたら大変だろうなって。とはいえ、姿勢としてはどちらの現場もそこにいる人を撮ろうとするだけなので、大きな差はないんですけどね。

橘髙　興味深いです。でも、日本のグラビアって面白い媒体ですよね。

松岡　そうですね。僕は専門家じゃないので詳しくはわかりませんが、海外だとわかりやすいポルノか、または写真家が撮るポートレイト写真に集約される気がするんです。グラビアとは日本固有の、

ちょっと特殊なジャンルだなと思います。

橘髙 そこにカルチャーがある気がするんです。

松岡 写真家が美しい何かを見出すことへの許容があるんでしょうね。ただ時代も変わって、今はグラビア的な目線で女性や男性を捉えることは向かい風でもあると思うんです。先人への敬意が僕にはありますが、時代の流れに関わらず常に搾取的な撮り方はしたくないと思っています。もとからそういう眼差しでしたから。

橘髙 『BE {}』の発売を記念したトークショー後に若い男性のお客さんに「今までグラビア写真集を買うことに躊躇があったけど、初めて買いました。本当に素敵な作品でした」って言ってもらえて、本当に嬉しくて。それもあって、今回の『BE-POP』でも普段グラビアを見ない人に届いたらいいなと思ったんですよ。あにお（天湯）ちゃんにも出てほしかったし。

松岡 彼女はもちろんセクシーだけれど、同性の人にも支持されていて、ザ・グラビアと少し違いますよね。

橘髙 作品も作って、カッコいいなと思います。女性に支持されているのがわかります。稀有な存在だなと。

松岡 ひとりの人間として、彼女の表現がこうであるってことですよね。その魅力が写せていたら、僕もすごく嬉しいです。

松岡一哲

まつおか・いってつ｜1978年生まれ。日本大学芸術学部写真学科卒業後、スタジオフォボスに勤務し、独立。フリーランスの写真家として活動するかたわら、2008年6月よりテルメギャラリーを立ち上げ、運営。主にファッション、広告などコマーシャルフィルムを中心に活躍する一方、日常の身辺を写真に収めながらも、等価な眼差しで世界を捉え撮影を続ける。Instagram: @ittetsumatsuoka

KENSUKE
IDO
STUDIO

編集後記　BE-POP編集部よ、永遠に!!

● 振り返ると、病める時も健やかなる時も「エンタメ」「POPカルチャー」に救われてきた人生でした。そして、そのカルチャーを取り巻くデザインに魅了された人生でもあります。この超個人的な趣味嗜好を面白がってくれる社内の方々から書籍を出してみませんかとオファーをいただき、だいぶ悩んだ結果、やるからには今まで誰も壊したことのない「I AM BEAMS」をぶっ壊すくらいの気概で書籍制作に挑みました。結果、やりたいことを詰め込みすぎて自分含め書籍制作チームの首をぎゅうぎゅうに締めまくってしまいましたが、登場いただいた方々も含め、全員が面白がって本を制作することができたので、なんだかんだと感じています。書籍に関わってくださったすべての方々、本当にありがとうございました。この書籍が「POP」ってどんな意味?」のアンサーになったのか、皆様の感想をお待ちしております。(〈マンガート ビームス〉プ

ロデューサー・橋高うき)

● 以前から店舗装飾などの仕事で一緒してきた橋高さんの書籍に携わることができて光栄です。本作を形作る知識とセンス、そしてラゲティ豊かな繋がりの広さに圧倒されたと同時に、生き方そのものが「POP」を体現されているんだなと実感しました。(ビームス書籍制作チーム・甲藤健太)

● 自分は〈マンガート ビームス〉のPRを担当しているのですが、橋高さんからアウトプットされるモノやコトには、いつも強く感銘を受けてきました。その源泉である「POP」を垣間見ることが出来る本書の制作に携われたことは非常に光栄です。ポップに生きて、ポップに笑った橋高さんのお人柄が表れた本書に祝杯を——!(ビームス書籍制作チーム・松井崇弘)

● 友人の橋高さんが「雑誌みたいな感じにしたいんだよ」と言う時、「きっちゃん・雑誌を作る

こととても大変なことなんだよ——」とロイヤルホスト道玄坂店で私は小さく叫びましたが、でも目の前の橋高さんは黙々と食べて「でも雑誌みたいなのが作りたいんだ」と繰り返すだけでした。追い打ちをかけるように彼女が取り出した参考資料は2000年代に作られたビームスフリーペーパーでマガジンというフリーペーパー。マガジンの広告がばすばす入った、平成紙の時代最盛期なプンプンな作りを——!と思ったのを覚えています。雑誌とは何ぞや、発想と読者に何をどう伝えるか?軸が難しい激ムズ案件でしたが、橋高さんは日頃から自分を全面に出して仕事をしているし、個人的な私物紹介をやっても面白くならないという思いもわからなくもないのであと私はビームスは東京がない」という思いもわからなくも

誇るナイスなショップだと思うし、中学校から通っているし愛もありますって。なわけで私は以前『TOmagazine』という川田洋平(タヌキ顔)編集長率いるメディアへアート雑誌の編集部にいたので当時のAD、Siunこととん、小酒井先生のもとに〈ルカ——〉とある頃のビートルズより切羽詰まって駆け込みました。すると「こんな一冊が出来上がった」というわけです。チーム編成、俺、ライティングの古田、写真は田園調布の若頭・伊達さん——人でフルスイング、Siunから先生としたとんを滝澤さん、佳境で最終兵器マッシュを投入され、人知を超える少人数体制で校を言い——ながらPOP、POP、POPと離れた時もありましたが、(©27時間テレビのタモさん)、著者の希望と書籍の正解を探り続けてこの形になりました。協力いただいた皆さまありがとうございました——(編集・飯田ネオ)

橘髙つむぎ　〈マンガ アート ビームス〉プロデューサー

東京都生まれ。2007年にBEAMSに入社後、並行してデザイン専門学校で学び、卒業後には制作部に配属。BEAMSのあらゆるクリエイティブや、イベント・フェスのショッパーをはじめとしたグッズ制作を担当。2022年、〈マンガ アート ビームス〉のリブランディングを機に、プロデューサーに就任。マンガ、アニメ、アイドル、声優などのエンターテインメントをこよなく愛し、カルチャーの垣根を越えたプロジェクトを多く手がける。

Instagram: @rx78_tmg

BEAMS

1976年、東京・原宿で創業。1号店「American Life Shop BEAMS」に続き、世界の様々なライフスタイルをコンセプトにした店舗を展開し、ファッション・雑貨・インテリア・音楽・アート・食品などにいたるまで、国内外のブランドや作品を多角的に紹介するセレクトショップの先駆けとして時代をリードしてきました。特にコラボレーションを通じて新たな価値を生み出す仕掛け役として豊富な実績を持ち、企業との協業や官民連携においてもクリエイティブなソリューションを提供しています。日本とアジア地域に約170店舗を擁し、モノ・コト・ヒトを軸にしたコミュニティが織り成すカルチャーは、各地で幅広い世代に支持されています。

www.beams.co.jp

BE-POP　ビーポップ

発行日：2025年2月5日　初版第1刷発行

著者：	橘髙つむぎ (株式会社ビームスクリエイティブ)
発行者：	千葉由希子
発行：	株式会社世界文化社
	〒102-8187 東京都千代田区九段北4-2-29
	TEL 03-3262-5155 (編集部)
	TEL 03-3262-5115 (販売部)
印刷・製本：	大日本印刷株式会社
DTP製作：	株式会社明昌堂

アートディレクション：	小酒井祥悟 (Siun)
デザイン：	滝澤千景 (Siun)、眞下拓人 (Siun)
撮影：	伊達直人
編集：	飯田ネオ
テキスト：	飯田ネオ、横山菜美 (株式会社ビームス) (P74-P81)
校正：	株式会社ヴェリタ
プロダクションマネジメント：	株式会社ビームス
営業：	大槻茉未
進行：	中谷正史
編集部担当：	田上雅人 (株式会社世界文化社)

I AM
BEAMS